O DILEMA DO PORCO ESPINHO

2ª edição
9ª reimpressão

LEANDRO KARNAL

O DILEMA DO PORCO ESPINHO

como encarar a solidão

Planeta

Copyright © Leandro Karnal, 2018
Copyright © Editora Planeta do Brasil, 2018

Preparação: Carla Fortino
Revisão: Andressa Veronesi e Laura Folgueira
Diagramação: Vivian Oliveira
Capa: André Stefanini
Imagem de capa: Heath sculp / Wellcome Library

DADOS INTERNACIONAIS DE CATALOGAÇÃO NA PUBLICAÇÃO (CIP)
Angélica Ilacqua CRB-8/7057

Karnal, Leandro
  O dilema do porco-espinho: como combater a solidão / Leandro Karnal. -- 2. ed. -- São Paulo: Planeta do Brasil, 2019.
  192 p.

ISBN: 978-85-422-1807-7

1. Filosofia 2. Solidão I. Título

19-2230   CDD: 100

Índices para catálogo sistemático:
1. Filosofia

Ao escolher este livro, você está apoiando o manejo responsável das florestas do mundo

2022
Todos os direitos desta edição reservados à
EDITORA PLANETA DO BRASIL LTDA.
Rua Bela Cintra, 986 – 4º andar
01415-002 – Consolação – São Paulo-SP
www.planetadelivros.com.br
faleconosco@editoraplaneta.com.br

*Este livro é dedicado a
Igor César Dorim Gandra.
O olhar leal de um amigo
é um lume no breu do mundo.
Obrigado por você ser quem é.*

Sumário

INTRODUÇÃO. PARA COMEÇAR 9

CAPÍTULO 1. NÃO É BOM QUE O HOMEM ESTEJA SÓ 17

CAPÍTULO 2. A SOLIDÃO ENTRE MILHÕES:
    REDES E MUNDO VIRTUAL 33

CAPÍTULO 3. SOLIDÃO, SOLITUDE E LIVROS 57

CAPÍTULO 4. O DEUS DA SOLIDÃO 89

CAPÍTULO 5. A IMAGEM DO SOLITÁRIO: ARTE E CINEMA
    EM BUSCA DO ISOLAMENTO IMAGÉTICO 127

CAPÍTULO 6. AS SOLITÁRIAS 151

CONCLUSÃO. SOLITÁRIOS DO MUNDO,
    AFASTAI-VOS 181

AGRADECIMENTOS 191

INTRODUÇÃO

Para começar

Somos uma espécie de porco-espinho, pensava o filósofo Arthur Schopenhauer. Por quê? O frio do inverno (ou da solidão) nos castiga. Para buscar o calor do corpo alheio, ficamos próximos dos outros. Efeito inevitável do movimento: os espinhos nos perfuram e causam dor (e os nossos a eles). O incômodo nos afasta. Ficamos isolados novamente. O frio aumenta, e tentamos voltar ao convívio com o mesmo resultado.

A metáfora do filósofo alemão trata do dilema humano: solitários, somos livres, porém passamos frio. A dois ou em grupo as diferenças causam dores. Teríamos de achar uma distância segura, que trouxesse o calor necessário e evitasse o ataque. Qual a barreira mínima entre dois humanos espinhentos? Não existe uma resposta exata, e erramos com frequência no binômio só-acompanhado. Seria um problema de um filósofo carrancudo como Schopenhauer? Vamos avançar.

O governo da primeira-ministra britânica Theresa May criou o chamado Ministério da Solidão. A comissão para combater o mal da solidão leva o nome de uma deputada assassinada de forma violenta: *Jo Cox Commission on Loneliness* [Comissão sobre solidão Jo Cox]. Um número alarmante de 9 milhões de britânicos parece reclamar de frequente ou total solidão. Pessoas idosas, súditos com problemas de mobilidade e outros foram considerados as vítimas principais de um mal contemporâneo: a solidão. Isolamento social não é apenas uma percepção estranha ou situação atípica: transformou-se em verdadeira epidemia. O que estaria acontecendo no mundo para que o combate à solidão virasse uma política de Estado?

Solidão é distinta do simples fato de estar sem alguém por perto. Da mesma forma, estar acompanhado não é a garantia de eliminá-la. No caso do Reino Unido, existe uma percepção de algo mais amplo: o isolamento e a vulnerabilidade decorrente dele. Alertas ocorrem também fora das ilhas. No trágico verão de 2003, mais de 11 mil pessoas morreram na França. A maioria tinha mais de 75 anos. O isolamento dos mais velhos colaborou para um número tão impressionante de óbitos. Não havia caixões suficientes para todos, e até frigoríficos foram utilizados para acumular os cadáveres. A solidão, nesse caso, podia ser fatal.

Como já disse, solidão não envolve, apenas, companhia ou falta dela. Nos grandes centros urbanos do mundo, estamos cercados por milhões de pessoas. Seria aceitável pensar que os solitários eram os velhos homens do campo, separados por muitos quilômetros de um aglomerado, isolados na vastidão agrária. Podemos dizer o contrário hoje: nas grandes cidades, o mal da solidão é ainda mais devastador. Concentração demográfica, sim, porém com esvaziamento de laços pessoais e significativos. Grandes condomínios que acumulam histórias paralelas que nunca se encontram. Vizinhos que trocam cumprimentos formais nas áreas comuns, mas sabem que não podem contar com ninguém. Pessoas que não criam vínculos afetivos e/ou familiares expressivos que tornem a existência mais interessante. Solidão pode matar, como vimos, mas sempre deixa um gosto melancólico e cinza sobre a experiência da vida. Não estamos falando da doença chamada depressão, mal terrível no qual uma pessoa, contra a vontade, vai perdendo vínculos com o mundo e com o desejo de viver. Estamos falando de algo que não é uma doença psíquica ou um transtorno de diagnóstico preciso. Falamos de solidão, por enquanto, em seu aspecto apenas negativo.

A visão sobre solitários quase nunca é boa. A pessoa solitária beiraria a insanidade. É assim, pelo menos, que o cinema retrata os seres isolados na sua maioria. Lembro-me de Norman Bates, do filme *Psicose* (Alfred Hitchcock, 1960). A personagem está isolada em um lugar decadente e sofrendo pela falta da companhia da mãe. O resultado de não ter alguém é a mudança para o perfil de assassino.

Mesmo gente que parecia normal, quando fica sozinha em uma ilha pode demonstrar comportamentos estranhos, como aconteceu com Chuck Noland (Tom Hanks em *Náufrago*, de Robert Zemeckis, 2000), que acabou tendo de conversar com a bola Wilson. Até anjos angustiados pela melancolia da falta de uma companheira ficam perturbados (*Asas do desejo*, de Wim Wenders, 1987).

A visão dominante das telas é que o louco seja um ser isolado. A solidão é o vestíbulo da perda da razão, ou, talvez, o amplo salão vazio no qual a insanidade baila. Mesmo tendo uma pequena família, lugares vazios acabam levando ao pior de cada um, como mostra a genial interpretação de Jack Nicholson no filme *O iluminado* (Stanley Kubrick, 1980). Isolamento, neve, ausência de grupos sociais: isso destruiria a estabilidade humana. A mensagem é quase permanente: somos gregários e, para as telas, contrariar nossa alma de bando elimina a estabilidade.

Nesse aspecto, a literatura nem sempre foi tão negativa quanto o cinema. Pelo contrário, muitas pessoas em situações de isolamento conseguem chegar ao máximo da reflexão. É o caso de *A paixão segundo G.H.*, de Clarice Lispector. G.H. percorre ambientes vazios, reflete e age a partir do seu fluxo de consciência. A solidão dá o fundo necessário para que flua tudo o que seja possível de cada situação, inclusive o encontro com uma barata. Se G.H. estivesse em um coquetel com amigas ou família, nada do que ocorre na obra de Clarice seria imaginável. G.H. funciona como *Robinson Crusoé* (Daniel Defoe): são náufragos do mundo para encontrarem a si. Ainda que os 28 anos de Robinson não tenham sido inteiramente solitários, é no isolamento que ele encontra a própria identidade, sem enlouquecer. Porém, mesmo com Robinson resolvendo quase todos os dramas que se apresentaram na ilha, seu sonho é retornar e reinserir-se na sociedade da Inglaterra, onde nasceu. Robinson é um solitário a contragosto.

Sim, a solidão pode ser iluminadora. No deserto, Jesus, Abraão e Maomé encontraram sua vocação e seu chamado. Não estavam sozinhos. Jesus encontrou o demônio e anjos. O fundador do Islamismo recebeu a revelação por meio de

Gabriel. Como veremos no livro, Deus se revela a solitários ou fala de forma inaudível para os outros, fala individualmente, como no episódio da queda de Saulo a caminho de Damasco. A solidão pode ser criativa como para G.H. Pode ser representada como foco do gênio: assim o romântico Delacroix pinta outro criador, Michelangelo, imerso na solidão do seu estúdio. Isolado, o profeta ou o artista se ilumina ou se comunica com planos superiores. A algaravia do mundo atrapalha a recepção do sagrado, como vemos na parábola do semeador (Mt 13). As preocupações do mundo são espinhos, e a Palavra não frutifica.

O pior castigo da penitenciária é a solitária. Uma pessoa irritada com o rumo do casamento lança a suprema ameaça: "Eu vou te deixar". Uma praga comum em momento de ódio é profetizar: "Você vai morrer sozinho por causa do seu gênio de cão!". Crianças birrentas em escola devem ir para a biblioteca para ficarem sozinhas. Um castigo quase teatral é colocar o pequeno infrator voltado para a parede, sozinho, isolado, sem ninguém. Tal como o cinema, a solidão é vista com muita desconfiança e utilizada como punição.

Se considerarmos que um amor correspondido seria o perfeito oposto da solidão, entenderemos que quase toda a arte e literatura gira entre os dois polos: estar só ou estar acompanhado. Fugir ou buscar o isolamento, encontrar ou perder o amor é o eixo definidor da própria cultura humana. O poeta Rainer Maria Rilke definiu que o amor era apenas duas solidões protegendo-se uma à outra. Quase podemos ver a ligeira ironia contida na afirmação: amor é solidão compartilhada.

É um sentimento amplo, poderoso e fundamental. Uma criança cria amigos imaginários para viver suas fantasias. Dizem que é saudável. Que seres seríamos capazes de inventar para não reconhecer nossa solidão?

Sejamos mais francos e diretos: estaria você lendo ou eu escrevendo porque somos solitários? Estivesse você entre amigos falantes ou envolvido nos braços da pessoa que ama, teria tempo para refletir sobre solidão em um livro? Em resumo, lê sobre solidão quem é solitário ou a própria solidão é a condição da existência da cultura formal de estudo? A vida é elaborada mais densamente pelo exercício da solidão ou só nos dedicamos à reflexão quando não dispomos de verdadeira e orgânica companhia?

O objetivo do livro que você começou a ler é colocar luz sobre todos os prismas da solidão. É uma experiência multifacetada e necessita de reflexão. Quais os aspectos? A dor da solidão, a inspiração vinda do isolamento, o amor como a soma de solidões, o poder transformador da análise no isolamento, o crescimento e a angústia do vazio, ou, resumindo de forma ampla, com quem você está quando está sozinho? Dito de forma mais existencialista e psicanalítica, se o inferno está nos outros, o medo da solidão seria a opção para evitar o pior de todos os sofrimentos, nós mesmos?

Aristóteles garantiu que a solidão criava deuses e bestas. O filósofo queria dizer que muito da criação humana deriva da experiência do isolamento interno ou externo. Da mesma forma, parte da nossa selvageria pode ser solta graças à solidão. Talvez seja o sentimento por excelência da humanidade. Afinal, o que vem a ser a solidão?

Conceda-me compartilhar um pouco da minha escrevendo com a sua lendo e, ao menos, estaremos próximos no debate. Venha sozinho, mas venha inteiro. Vamos viver os dois lados mais deliciosos da solidão: a leitura e o pensamento. Este é um livro pessoal. Sim, busquei filósofos, historiadores, a Bíblia, romances, obras de arte e outras fontes. Porém, grande parte é um ensaio pessoal e uma reflexão sobre um tema que sempre me acompanhou e que tem crescido na maturidade: a solidão. Agradeço sua companhia nesta parte da jornada. É a atualização do porco-espinho: somos animais gregários, e nossos problemas derivam também disso. Tudo de bom e de ruim vem do jogo de contrastes entre companhia e solidão. Não existe solução ideal, apenas consciência. Não existe vacina, apenas clareza dos males. Não existe cura, pois solidão se encerra com a morte, que, aliás, será vivida de forma absolutamente solitária. Antes, porém, caminhe comigo. De todos os antídotos contra a solidão, a leitura é um dos mais criativos. Aqui estamos, eu sozinho ao escrever e você sozinho ou sozinha ao ler. Aqui, duas solidões se encontram, trocam ideias, pensam e, efeito fascinante, transmutam o estar só em pensar e compartilhar. Só na solidão você é você e só na solidão eu sou eu. Na leitura solitária, somos dois autênticos viajantes isolados que, por um breve instante, aceitam conversar com um estranho fortuito. Acompanhe-me por algumas horas. Estaremos ambos um pouco menos solitários e, talvez, até felizes. Se algum espinho saltar, achemos novo ângulo para o calor recíproco. Se o frio bater, vamos pegar o cobertor da leitura. Começou a nossa viagem entre frio e espinhos.

CAPÍTULO 1

Não é bom que o homem esteja só

A ideia bíblica é bem conhecida. Deus acabara de criar tudo. Findou a sua semana empreendedora e viu que tudo era bom. Depois de descansar, o Todo-poderoso constatou que o ser humano, criado à Sua imagem e semelhança, não tinha correspondente na espécie. "Não é bom que o homem esteja só; farei para ele alguém que o auxilie e lhe corresponda" (Gn 2,18).

Há três reflexões curiosas sobre a ideia divina. A primeira é que todos os animais foram feitos em pares macho e fêmea, pensados na forma de casal no instante da criação. Também entrariam dois a dois na futura arca de Noé. Existir, no mundo bíblico, é ser em dupla. Apenas Adão surgiu solitário, sem ninguém da sua espécie. Ele se tornou o primeiro *recall* da criação, o primeiro ser que, após existir, foi redefinido.

A segunda reflexão é que, ao ser criado sem correspondência, Adão cumpre o modelo divino, também isento da duplicidade. Se Deus fez o homem à Sua imagem e semelhança (Gn 1,26), fez sem correspondente feminina.

Foi necessário um arranjo, aparentemente não previsto. O primeiro homem caiu em sono profundo e teve sua costela transformada em Eva. Ao ver o que surgira diante de si, Adão afirma que "esta, sim, é osso dos meus ossos e carne da minha carne! Ela será chamada mulher, porque do homem foi tirada" (Gn 2,23).

A terceira é que a solidão do primeiro homem não é percebida por ele. Não foi Adão que reclamou ou fez um pedido. Adão está no Paraíso e não sente dores nem angústias, vive perfeitamente diluído. Ele exerceu imensa atividade classificadora, pois deu nome a todos os seres vivos. Adão está feliz, pois não poderia existir erro ou lacuna na obra divina. A percepção de que falta algo é de Deus, e não do homem. A rigor, o ato de corrigir ou complementar a criação com uma medida excepcional é algo surpreendente. A solidão de nosso primeiro pai é a causa da reengenharia estratégica narrada no início da Torá. Porém, não existe registro de solidão ou reclamação de Adão. Talvez tenha sido a única experiência de solidão não consciente do gênero humano: estava isolado como ser, porém não conhecera pai ou mãe ou família da qual guardar saudades. Não havia perdido amigos ou se sentido colocado à parte de algum grupo social. Adão não sabia sequer que havia a possibilidade de uma fêmea. Será que vendo macacos, cavalos e ursos aos pares teria pensado na sua especificidade? Nada na Torá permite tal conclusão. Nosso ancestral da tradição judaico--cristã foi a única pessoa solitária sem perceber. Como vimos, ao contemplar Eva, ele demonstra satisfação e a elogia pela semelhança: ossos dos meus ossos e carne da minha carne. Eva era notável porque... parecia com ele. Eis uma fórmula permanente dos humanos: elogio no outro meu espelho.

Vamos um pouco além. A solidão não termina pela presença do Outro total, mas do Mesmo na espécie. A obra-prima do sexto dia é o homem similar ao criador. O último ato criador do Altíssimo é a mulher, osso e carne de Adão. Assim começamos o jogo da solidão: é necessária alguma diferença e muita semelhança para constituir o remédio a ela. A Torá condena o celibato. Casar-se é parte das obrigações básicas do ser humano. Ao aprofundar o tema do Gênesis, o livro chamado *Zohar* afirma que o solteiro é meio corpo, logo, incompleto.

Como toda narrativa fundacional, o Gênesis toca nas estruturas antigas da nossa percepção. Estar só seria estar pela metade, desejante de complemento. Estar acompanhado é a plenitude do ser e seu destino arquetípico. A tradição judaico-bíblica desconfia do isolamento. O eremita, o habitante místico de zonas desoladas e desérticas, seria alguém do futuro, do mundo cristão que passaria a desconfiar de certos aspectos da vida a dois. Celibatários não constituem parte importante da tradição judaica.

No momento do Éden, ainda estávamos no imperativo categórico da companhia. No exílio sobre a Terra, muitos homens "conhecerão" mulheres, dando ao verbo um sentido ligeiramente distinto do atual. A ordem de crescer e se multiplicar é imperativa, não é um conselho ou uma recomendação geral. Chega a tal ponto a necessidade de perpetuar seu nome com filhos que a lei divina possibilita que eu deite com minha cunhada, caso meu irmão tenha morrido sem filhos. Superando pudores tradicionais, o filho que resultar do arranjo terá o nome do meu irmão.

No capítulo 38 do Gênesis, surge um personagem menos citado na memória religiosa, Onã, filho de Judá. Como seu irmão Her morrera sem herdeiros, Deus ordena de forma expressa: "Une-te à mulher do teu irmão para cumprir a obrigação do cunhado e assegurar uma descendência para teu irmão" (Gn 38,8). É importante lembrar que, segundo o mesmo capítulo, o irmão de Onã tinha sido morto por Deus, pois desagradara ao Senhor. O nome de alguém infiel a Deus deveria servir para que a justiça divina barrasse a continuidade do nome. Pois bem, mesmo no caso em questão, um homem que desagradava ao Senhor, o imperativo da descendência era superior. Para encerrar a curta história, Onã usou de recursos atípicos para não engravidar a cunhada, e Deus, por fim, matou também o segundo filho de Judá, como extinguira o primeiro. A obrigação de se multiplicar e permitir que o nome permaneça sobre a Terra é causa de uma pena capital. Onã, ao desobedecer à ordem de crescer e se multiplicar, foi condenado à morte. Ressaltemos com a narrativa a imensa importância para Deus que homens e mulheres cumpram o dever. Estar só, não ter filhos, não se casar, não colaborar para a permanência do nome é um ato que contraria o cerne do plano de Deus. Onã acabaria dando nome ao vício do onanismo (masturbação), ainda que nada disso possa ser extraído das Escrituras.

Vamos saltar milênios. Para os patriarcas e personagens da Torá, a relação com Deus é pessoal e as ordens são claras, raramente se levando em conta atenuantes ou interpretações. Ficar sozinho é uma exceção que deve ser evitada. O Judaísmo nunca viu efetivo valor no celibato ou na castidade.

Vamos deixar o campo dos textos sagrados e avançar até o século XIX. Quero tratar de um cientista vitoriano, Charles Darwin. Dono de uma renda confortável, absorvido existencialmente por suas pesquisas, Darwin poderia dar-se ao luxo de não seguir de forma automática a tradição matrimonial. Algo que seria raro até hoje, ele decidiu afastar-se do conceito pela reflexão e ponderar os prós e os contras. Talvez só um cientista com a fleuma britânica pudesse realizar isso, mas o pai da Teoria da Evolução fez uma lista de pontos positivos e negativos do casamento.

No verão de 1838, o naturalista completara 29 anos. No século XIX, isso significava um homem plenamente adulto já tendo percorrido uma parte expressiva da sua existência. Talvez fosse justo pela comparação supor que Darwin estivesse na casa dos 50 anos hoje. É um momento crucial. A saúde existe, mas há indícios de que a plena primavera ficou para trás. O ritmo de vida deixou de ser ascensional. A ideia de casar ou ter filhos pode ter sido acelerada pela cronologia. Diante da reflexão, Darwin tenta tornar claro e racional algo que era visto como mais automático pelos seus conterrâneos.

É provável que as leitoras e os leitores que se casaram tenham unicamente tomado a decisão com base na relação com a companheira ou o companheiro. Se o amor pareceu sólido e intenso, a ideia de casamento foi crescendo. A vitória da subjetividade romântica ainda não deveria ser total, e Darwin não pensava a partir de uma afinidade eletiva clara ou inclinação amorosa prévia.

Sua prima, Emma Wedgwood, parecia ser a candidata que o fez considerar a hipótese. As imagens mostram uma mulher bonita, e a biografia a pinta como uma pessoa sensata e amorosa. No nosso mundo, o afeto de um pelo outro já marcaria a data do enlace. Darwin ignora isso e afirma que havia motivos bons para o enlace. O primeiro motivo era a possibilidade de filhos. Outro impulso positivo: a companhia agora e, na velhice, e o cuidado recíproco. Em reflexão que chocaria algumas pessoas do nosso mundo, ele afirma que a companhia de uma mulher superava a de um cachorro. Haveria música na casa e um charme no ambiente superior ao que ele próprio pudesse engendrar.

Nem tudo eram flores. O casamento tolheria sua liberdade de ir e vir a qualquer momento. Ele seria limitado na busca de desejáveis conversas com homens inteligentes em clubes masculinos, hábito britânico. Pelo contrário, em vez de conversas inteligentes, seria forçado a visitar parentes. Crianças geram despesas e muita ansiedade para serem criadas. Há chance de atritos com a esposa. Darwin afirma que teria menos dinheiro para livros e o custo da alimentação subiria de forma expressiva. Demonstrando que já estava inclinado a casar, afirma que teria menos tempo para trabalhar ao lado de Emma, porém trabalhar muito fazia mal à saúde.

Feita a lista e ainda raciocinando que, se decidisse pelo casamento, teria de responder a outra questão (em breve ou mais adiante?), nosso pensador tomou Emma por esposa no fim do mesmo ano em que fizera as ponderações. Aparentemente, a decisão de estabelecer companhia permanente e afeto foi de um êxito notável. O casal teve dez filhos, Emma tornou-se uma apoiadora incansável do trabalho do marido, inclusive o estimulando a publicar logo seu trabalho axial: *A origem das espécies*. Os filhos foram criados em ambiente menos autoritário do que o normal e vários obtiveram destaque nas respectivas carreiras. Darwin faleceu em 1882, e Emma acompanhou-o sempre, dentro do que era esperado em relações de gênero do século XIX inglês, mas certamente viveram algo além da formalidade dos deveres de um contrato nupcial: ambos se amaram. Emma, a prima tornada esposa, faleceu em 1896. Imagino se ela, algum dia, teria encontrado entre os papéis do falecido esposo a lista. Deve ter sorrido: Darwin foi feliz pela escolha feita. O casamento afastou-o da solidão e confirmou todos os bons presságios sobre o que ele poderia obter com uma família.

Deus ordena a companhia, Darwin raciocina sobre ela, e voltamos ao dilema do porco-espinho da introdução. Para cada casal feliz como a família Darwin, todos conhecemos dezenas de exemplos opostos. A lista do inglês teria crescido hoje. A busca de liberdade individual é um imperativo categórico mais forte ainda do que no século XIX. A decisão baseada quase apenas no voluntarismo amoroso é, no século XXI, o argumento definitivo. A interferência familiar raramente é eficaz; pelo contrário, parece acelerar o enlace.

Ter companhia, especialmente boa companhia, traz muita alegria à vida. Há uma inevitabilidade no jogo, sozinho/acompanhado. O frio e os espinhos nos levam a pensamentos e atos erráticos. Quero estar sozinho e quero companhia e gostaria de controlar esses dois momentos de acordo com minha vontade. Não é possível. A busca do equilíbrio tem sido um desafio constante para estimular casamentos e divórcios. Síndrome de lobo errante: a alcateia fornece proteção e companhia, porém impõe o ritmo da marcha. Como uivar feliz e solitário para a Lua e receber o calor de um grupo ou de uma companhia?

Existe um agravante a considerar no século XXI. Falaremos mais adiante das redes sociais, que provocam uma ambiguidade notável. Com meu *smartphone* na mão, estou conectado a tudo e a todos que não estejam fisicamente próximos. Converso, envio fotos, tenho um amplo contato e uma sociabilidade virtual expressiva. Sou alguém em comunicação constante e, dia e noite, na cama ou no ônibus, no banheiro por vezes, posso ler e conversar. Curiosamente, a conectividade elimina ou diminui o contato com tudo que está próximo. Estamos preenchidos de pessoas virtuais e isolados de seres reais próximos. Um ônibus, especialmente se houver mais jovens a bordo, será uma fileira contínua de fones de ouvido, de aparelhos e de polegares nervosos saltando de tela em tela. Igualmente, há pouca chance de o nosso ser conectado prestar atenção à paisagem que se desenrola ou às pessoas sentadas ao lado.

É possível que tenha surgido a resposta ao dilema de Schopenhauer. Qual seria o ponto que contenha calor suficiente e afastamento necessário dos espinhos dolorosos? Provavelmente, a resposta atual se chama mundo virtual. Não estou sozinho, a comunicação é permanente, sei dos outros, falo de mim, publico fotos, existe interação imagética, escrita e até por mensagens de voz. Os seres unidos pelas redes emitem certo calor, um fogo-fátuo talvez, porém suficiente para evitar o congelamento total da solidão. Não é o glorioso sol do enlace real dos românticos, porém é um passaporte para longe da Sibéria isolada e fria.

Outro dado melhora ainda mais a opção: relações virtuais são dominadas por mim. Posso bloquear, ignorar, banir, deletar ao toque de um clique, sob a soberana vontade do meu ser. O celular sou eu, diriam os novos "luíses XIV" da era digital. Soberano absoluto e poderoso, ao menor sinal de espinho, ao primeiro indicativo de atrito e de que os outros porcos começaram a incomodar, uma tecla resolve para sempre o acúleo lancinante. Será que o filósofo alemão teria conseguido imaginar tal solução?

Vamos adiante. Não foi apenas o jogo calor-espinho que os aparelhos resolveram. Diante do incômodo de um ambiente aborrecido, o celular também defende das pessoas reais. Darwin pensou que talvez não devesse casar por causa da visita a parentes. Quase sempre, compromissos familiares trazem algum dissabor para as pessoas. O inglês não sabia, mas agora, na nossa esclarecida e iluminada época líquida, ele poderia visitar parentes e ficar digitando, evitando o olhar ou a necessidade de interação. Dupla defesa diante dos espinhos alheios, afasta relações virtuais para um mundo de fluxos etéreos e, ao mesmo tempo, afasta o mundo real utilizando fluxos virtuais.

A pergunta central do filósofo alemão era a qual distância eu teria o suficiente calor associado a uma zona de conforto sem espinhos. De muitas formas, o mundo digital tem sido a resposta encontrada para equilibrar as pessoas entre a dor da solidão e a dor do contato com outras pessoas.

⌣

Seria impossível entender a nova percepção de solidão sem levar em conta o imperativo contemporâneo da felicidade. Por milhares de anos, a felicidade era algo a ser atingido apenas no mundo após a vida, ideia que animou toda a religião egípcia e grande parte dos monoteísmos. Nossa vida real em carne e osso era, como definia o salve-rainha dos católicos, um vale de lágrimas. O mundo era palco de uma tragédia constante. Éramos sempre os degredados filhos de Eva, pessoas que perderam o Paraíso original e que foram condenadas à dor e ao trabalho. Este era um mundo de angústia sempiterna. Através de muito esforço, sacrifício e fé, poderíamos ter alguma esperança apenas depois da dolorosa experiência terrena.

Muitos quadros das Idades Média e Moderna lembravam que atrás de toda vaidade existia o vazio, pois a vida era passageira. Surge o gênero de pintura *Vanitas*, ou seja, quadros que usam caveiras, ampulhetas, flores efêmeras para nos lembrar da morte onipresente e inevitável. Há também o grupo *Memento Mori*, uma lembrança da morte súbita, geralmente com jovens saudáveis e felizes que são visitados pela morte indesejada no apogeu da sua confiança juvenil. As danças macabras do século XIV mostravam, no auge da peste, reis, bispos e agricultores irmanados no destino humano do fim. "Nulla in mundo pax sincera", coloca o Padre Vivaldi em famoso canto sacro. A paz no mundo é sempre passageira, superficial e enganosa. Nunca podemos confiar em nenhum idílio perene enquanto respirarmos. A felicidade, inclusive, era vista com desconfiança, pois o caráter grave das verdades religiosas deveria deixar o fiel em vigilância permanente porque, afinal, ninguém sabe o dia ou a hora em que o fim dos tempos ou o seu próprio podem sobrevir (Mt 24,36).

O verdadeiro homem de fé era circunspecto. Poucos traziam a tradição do "jogral de Deus", Francisco de Assis, que insistia na alegria do Evangelho. A alegria da boa-nova (o Evangelho) foi sendo lida, dominantemente, como o temor da morte e do julgamento.

Tudo mudou. O mundo deixou de ser lido unicamente pela chave religiosa. Uma atitude de confiança foi entrando em ascensão lenta desde o Renascimento. Com momentos de expansão e de retração, o novo indivíduo passou a cultivar mais e mais a ideia de que felicidade não era uma esperança futura, porém uma realidade possível no presente.

O mundo contemporâneo, a partir do século XIX, foi trazendo o reforço da ideia de opção pessoal, logo a escolha mais adequada à felicidade. Os casamentos arranjados foram sendo substituídos pela necessidade de amor genuíno. Surge a ideia, estranha por séculos, de que a junção de um homem com uma mulher não era um contrato formal para gerar filhos legítimos e herança, mas uma busca de felicidade familiar. Imagine como era exótico, no seio da milenar monarquia inglesa, a ideia de que a rainha Vitória fosse inteiramente apaixonada pelo marido, o príncipe Albert. Não era apenas uma novidade na monarquia, e, sim, uma tendência crescente: o casamento e a família poderiam trazer felicidade.

Um passo adiante: no mundo do Antigo Regime, a profissão era quase uma herança familiar. Eu me tornava advogado porque meu pai assim o fora. A escolha já estava feita.

Agora, imaginem o salto em direção à nossa época: eu escolho com quem devo me casar e qual a função que desejo exercer. Aparentemente, assumo o risco da felicidade a partir da minha vontade. Com o individualismo crescente, tudo é válido desde que eu queira, desde que eu deseje como opção.

Por que falar tanto da mudança em um livro de solidão? O incômodo de estar sozinho ou ser infeliz é muito mais gritante a partir dessa mudança. Conformar-se com vida passageira e de poucos prazeres, sem alegrias matrimoniais ou sem retribuição de felicidade no trabalho, hoje há uma demanda imperativa para a completa realização. Quero dizer que no século XXI não ser feliz, estar mal ou não atingir a plena potência de realização da sua vida é, para a maioria, inadmissível.

Vivemos a época de ouro da felicidade. O tema é o que mais vende em livros e vídeos. As cenas de contentamento são obrigatórias nas redes sociais. Os dentes em amplo sorriso, escassos na arte clássica, dominam as fotos atuais. Todos sorrimos por bastante tempo para que a foto fique boa. Sem sorriso, não existe a chance de imagem. Aparecer em redes é exibir felicidade.

Como deveríamos ser profundamente felizes, todo desvio do caminho áureo da realização é um defeito a ser corrigido. Estar sozinho é impensável. Há manuais para buscar o par ideal. Existem testes e questionários em quase todas as revistas. A riqueza, o amor, a realização profissional e a própria estética pessoal passam a ser vistas como parte de uma meta possível e desejável. Todos podem alcançar se forem focados e resilientes. Ninguém precisa ficar sozinho.

Há algo de positivo na mudança. Sem normas rígidas e insuperáveis sobre papeis sociais, muitas mulheres escapam da ideia do casamento e da maternidade como obrigatórios e de acordo com uma "natureza feminina". Mulheres do século XXI podem morar sozinhas, trabalhar, construir seu projeto de vida sem se utilizar de roteiros canônicos. Porém, mesmo a mulher livre e empoderada deve dizer constantemente que está feliz mesmo não sendo mãe, assim como as mães devem estar muito felizes com a maternidade. O novo imperativo não é case, tenha filhos e siga uma carreira estável. O imperativo absoluto é "seja feliz" e, se não for, ao menos pareça nas fotos de redes sociais.

A solidão aparentemente pesa mais em um mundo onde a felicidade é cláusula pétrea. A era da plena liberdade de escolha e intensa realização é a era da farmacopeia contra a tristeza. Nunca sorrimos tanto nas redes e nunca consumimos tantos remédios para dormir, para ser viril ou para acordar.

Essa contradição parece cruel. A demanda pela representação está em contradição com a realidade. A solidão perdeu, inclusive, seu papel de equilíbrio e reflexão, passando a ser dominantemente vista como estigma.

Assim, para encaminhar a uma conclusão o primeiro capítulo, temos de entender a solidão sob o novo prisma da felicidade como imperativo categórico. Estar com amigos, família, namorados e namoradas, amantes, maridos e esposas é visto como um quadro obrigatório. Uma pessoa jantando sozinha no restaurante é tida por infeliz, mesmo que os casais ao lado do solitário ou da solitária estejam focados em seus celulares o tempo todo. Passaria pela cabeça de alguém uma noite de Natal ou de Ano-Novo em completa solidão? Pouco provável na nossa concepção atual.

A solidão como defeito é tema quase unânime. Não existe o termo "casadona", mas abunda o pejorativo "solteirona". O homem e a mulher solteiros na maturidade, mesmo com tudo aquilo que caminhamos na superação de estereótipos e papéis fixos, continuam sendo vistos com reservas.

Eis, queridas leitoras e estimados leitores, alguns pontos sobre a solidão que desenvolveremos nos capítulos seguintes. Do Gênesis à família vitoriana, das redes sociais ao mundo contemporâneo e suas representações, temos de lançar um olhar sincero para a ideia de solidão, o tema recalcado, reprimido e denegado. As perguntas básicas giram ao redor de eixos já compreendidos por sua intuição: como respondo ao dilema do porco-espinho? A solidão acompanhado é mais cruel do que a solidão sem outra pessoa? Quem eu realmente sou quando estou sozinho ou a dois ou em grupo? Alguém, alguma vez, já deixou de estar sozinho ou somente criamos opiáceos, paliativos como o casamento, para ocultar a realidade assustadora de que estamos irremediavelmente sós? Não é bom que o homem esteja só, porém a partir do fim da solidão iniciou-se o jogo complexo que levou ao pecado, ao homicídio, aos atos infames e tantos outros males. Apenas sem nenhum outro ser humano Adão foi perfeito. Depois, temos mentiras, queda, sofrimento e dores dos choques dos homens entre si. Crescei e multiplicai-vos ao lado da contraditória afirmação de que ninguém conhece paz verdadeira em vida. A ideia que descrevi parece ser a forma bíblica do dilema do porco-espinho de Schopenhauer. Lembre-se: você leu sozinho o livro até aqui. Você foi feliz?

CAPÍTULO 2

A solidão entre milhões: redes e mundo virtual

Estou sozinho em casa. Pego meu *smartphone* depois de uma hora sem tê-lo visto. Você imaginou corretamente: essa é uma pequena concessão ao discurso ficcional (afinal, uma hora inteira sem acessar o *smartphone*? Pura fantasia). Voltemos ao ponto. Os ícones demonstram que tenho muitas mensagens. São de todos os tipos e de todos os *apps* do celular. A caixa de e-mail está lotada, a maioria é de propaganda. Redes sociais congestionam o tema com suas marcações de interações não lidas. O WhatsApp está inundado por mensagens de grupos familiares, de amigos, de trabalho. Muita bobagem, santo do dia, bons dias e boas noites em meio a mensagens afetivas e que requerem real atenção. Recados de aplicativos me sugerem o que comer, o que comprar ou o que visitar, placares de jogo de futebol, *clipping* de notícias. Em pouco tempo, vários mundos, afetivo, anônimo e comercial, estabeleceram pontes comigo. Muitas imagens, dezenas de *memes*, textos esparsos, piadas, produtos exóticos: tudo veio a mim.

Há cinquenta anos, provavelmente, a pessoa solitária tinha ao seu alcance o telefone fixo (pouca gente possuía), um livro, um rádio ou TV para lhe fazer alguma companhia. Ou dar a ilusão de companhia. Não quisesse ou não pudesse acessar essas opções, restava, simplesmente, ficar em silêncio. Voltando ao porco-espinho de Schopenhauer, fazia mais frio. O animal humano estava mais isolado. O oposto desse isolamento, a vida em família, teria a desvantagem da proximidade dos espinhos, mesmo aquecendo com o calor dos corpos. O mundo virtual, como já afirmei, talvez seja o mais próximo de um equilíbrio entre calor-dor. O primeiro parágrafo descreveu alguém solitário, porém não isolado. Partimos daqui: seria o acesso às redes a solução aos dilemas humanos?

Precisamos pensar de forma mais específica. Alguém que faz a clara distinção entre amigo virtual e amigo real provavelmente pertence a um grupo mais velho. Falar e sentir que alguém real é somente um ser de carne e osso que está na minha frente, e que isso é muito superior a alguém que só existe no Instagram, é juízo emitido por uma pessoa que nasceu e foi criado sem a tecnologia. Desde cedo, minha geração costuma destacar a solidão dos jovens ou o vazio de adolescentes que digitam o dia todo. Nós, os *baby boomers*, somos aqueles nascidos logo depois da Segunda Guerra Mundial até meados dos anos 1960. Eu, por pouco, faço parte do grupo. Quem tem, hoje, entre 50 e 70 e poucos anos, compôs uma geração numa intensa transformação cultural em relação à anterior. A maioria de nós cresceu com a TV como grande mobilizadora de comportamentos. Líamos jornal e íamos ao cinema. Comprávamos discos e ouvíamos rádio. Mas a televisão foi o eixo, a principal ferramenta de comunicação. Algum leitor poderá afirmar que não tinha TV quando criança ou adolescente. Mas disse isso logo depois de desligar momentaneamente a sua para ler um pouco deste livro.

Para minha geração, a afirmação de "vazio" nos jovens que vivem na internet fala de mim, não do adolescente. Nossos pais ou nossos cônjuges, filhos e amigos talvez já tenham nos acusado de vivermos em frente à TV. Jamais o leitor ou leitora deste livro, claro. Eu tampouco. Mas, à exceção de nós, claramente conhecemos solitários televisivos. Claro: a maneira com a qual eu lido com meu tédio ou resolvo minha sociabilidade é a melhor e mais sábia basicamente... por ser a minha. Entre os *baby boomers* e os jovens de hoje, há a geração X, que viu a internet nascer, mas não a utilizou quando jovem, e a geração Y, que nasceu nos anos 1980 e 1990. Essa nasceu sem a rede, mas a incorporou no seu cotidiano ainda muito jovem ou no início da vida adulta, fosse em casa, fosse no trabalho. Hoje, quem nasceu no milênio é maior de idade e não compreende o mundo sem redes sociais e *smartphones*. Terão LER (lesão por esforço repetitivo) nos dedos da mão e dores no pescoço com mais frequência, acredito, e colecionam amizades virtuais às centenas ou milhares.

Zygmunt Bauman descreveu um jovem que havia adicionado centenas de amigos em um único dia em sua rede social. O anglo-polonês reflete, com mais de 80 anos, que fizera poucos amigos ao longo de toda a vida. Inteligente, o sociólogo constata que estamos falando de dois conceitos distintos de amizade. A postura é ótima, pois não classifica como inferior a outra concepção. Seria a percepção de valor da amizade como antídoto ideal contra a solidão algo que depende apenas de geração?

Em primeiro lugar, lembremos, quase tudo é histórico. O que chamamos de amizade certamente o é. Muito rapidamente, correndo o risco de simplificar demais, podemos dizer que os gregos acreditavam na amizade como um amor entre iguais, entre homens bons, valorosos. Cícero, por sua vez, escreveu que a essência da amizade estava na concordância perfeita de desejos, gostos e opiniões. "A amizade nada mais é, com efeito, que um entendimento perfeito em todas as coisas, divinas e humanas, acompanhado de generosidade e afeição mútuas", acreditava. Nessa lógica antiga, ouvimos apenas as vozes de uma elite letrada. Sabe-se lá o que um grego ou romano, numa taverna, embriagado e jogando dados, diria. As opiniões que nos chegaram desse longínquo passado mostram uma relação entre iguais, um jogo de espelhos. Amo o amigo porque ele é igual, tão virtuoso quanto eu. A amizade estava na base da sociedade: somente a amizade traria a benevolência e a generosidade. Sem elas, diria o mesmo orador romano, "nenhuma família, nenhuma cidade poderá subsistir e a própria agricultura não poderá sobreviver".

Em pleno século XVI, o conceito se modificara. Amizades surgiam entre pessoas que se admiravam, sem que tivessem que ser uma o espelho da outra. A estreita relação entre os filósofos Montaigne e Étienne de La Boétie resulta numa das mais belas frases já escritas sobre esse tipo de afeto. Nos seus ensaios, o nobre tenta explicar por que amava La Boétie. Só consegue dizer que a causa central era "porque era ele, porque era eu". O autor dos *Ensaios* reconhece que, na especificidade absoluta do outro, estava a chave da fusão elevada a que chamava amizade. Tal afirmação de Montaigne mostra que a amizade encontra o mistério da afinidade afetiva porque, diante do amigo, torno-me, de fato, quem sou. Não existe uma racionalidade que abarque isso. A amizade tinha que ser uma epifania lenta. Uma conversa genuína com um amigo era uma dissecação anatômica da alma.

De concepções antigas e modernas, uma lógica da amizade persistiu: o tempo. Não se criam amigos de um dia para o outro, pensávamos. Amigos demandam história, repertório de casos, vivências em conjunto. Amigos precisam viajar juntos. Assim, os afetos integram a vida das respectivas famílias. Amigos acompanham nossos sucessos e fracassos amorosos, choram e riem com nossa biografia. Amigos precisam de cultivo constante. Todo amigo é, dialeticamente, um frágil bonsai e frondoso carvalho. Nesse sentido, pensávamos, quem adicionei ontem na minha rede social é um fantasma, um fóton, jamais um amigo. Lembremos o conselho sábio dado por um tolo. Polônio prescreve ao filho Laertes, na peça *Hamlet*: "Os amigos que tens por verdadeiros, agarra-os a tu'alma em fios de aço; mas não procures distração ou festa com qualquer camarada sem critério".

As rupturas geracionais são muito fortes no século XXI. Não se trata mais de velhas e novas gerações somente, todavia de mudanças verificáveis no espaço de poucos anos entre um salto tecnológico e outro. Com eles e por meio deles, podemos ver que existe uma maneira distinta de perceber afetos. Sociabilidade, corporalidade e diálogos se mostram distintos entre alguém X ou Alpha. Não se trata mais de domínio de aparelhos, apenas, mas de maneiras de ser no mundo radicalmente distintas.

Dois jovens de 16 anos se encontram. Eles conversam, ainda que, na maior parte do tempo, fiquem digitando, enviando fotos ou atualizando seus perfis. Para eles, não existe uma deficiência no encontro. O amigo à sua frente não estaria sendo desprezado ou inferiorizado diante da concorrência da tela. De alguma forma que me escapa, realizam um encontro, satisfatório para ambos. Prefere olho no olho aos *emojis*? Há uma chance de você ser mais velha ou mais velho.

A diferença central não está contida em virtual ou real, porém na percepção do que venha a ser real. Sempre é preciso insistir: a ideia de realidade varia de geração a geração. Todas as gerações sempre consideraram que a sua atitude era a mais sensata. Descartes advertiu que bom senso seria a virtude mais bem distribuída do mundo, pois todos acham sua dose pessoal justa e equilibrada.

Buscarei outra diferença importante: o mundo virtual é mais controlável, em média, do que o físico presencial. Você está sozinho e chega um chato. A definição mais clássica de um chato é a que diz que se trata de um sujeito que lhe retira da solidão sem oferecer companhia. É difícil escapar dele em casa, no trabalho ou na rua. Os chatos são onipresentes. Agora, nas mensagens virtuais, você pode ignorar o chato, fazer de conta que não leu, alegar que o *firewall* barrou algo, você pode bloquear ou deletar.

Eu disse antes que o real e sua percepção podem variar muito. O que mudou e não é tão relativo ou subjetivo é o poder que o mundo virtual confere. A autonomia do internauta é maior do que a de alguém que recebe uma visita física em casa. Assim, preciso negociar menos na internet, posso manter minha vontade mais altiva e soberana. Sem o esforço de burilar minha paciência, meu eu soberano pode flanar vitorioso nos circuitos da rede. Meu dedo é um demiurgo e, a um simples clique, redefine meu círculo de amigos. Curto, descurto, interrompo, bloqueio, deleto: tudo faz parte de uma dinâmica nova.

Há um poder do dedo e do narciso enorme. Há outro dado interessante: por mais que eu possa usar roupas, maquiagem, disfarces e cortinas de fumaça, no encontro real eu estarei lá. No virtual, posso assumir uma fantasia completa, mudar de gênero, criar perfil falso e redefinir-me de acordo com meus desejos e medos. Esse é o segundo grande poder do relacionamento virtual.

O terceiro poder é o mais sutil: a diluição da responsabilidade. Tenho o já referido poder libertador do dedo, assumo a fantasia sem limites e, por fim, posso insultar, gritar, espernear sem medo: não existe risco físico. Existe *cyberbullying,* sim, porém que ataque um avatar fantasma pode sofrer? A internet possibilita a inimputabilidade em grau maior do que o que conhecíamos até aqui.

Liberdade para entrar e sair da solidão pelo recurso das redes. Fotos minhas fluindo em *selfies* incessantes exibindo como exulto com a vida e que interessante está meu momento. Controle absoluto das relações pelos dedos. Não preciso negociar. Não prolongo a existência de chatos. Não preciso suportar ninguém. Desagradou? Clico e pronto. Agrediu? Bloqueio e pronto. Não desejo dar a resposta pedida? Ignoro. O mundo virtual instalou uma catraca na caverna de Platão. Não apenas opto pelo real lá fora ou pelas imagens bruxuleantes da caverna. Posso até decidir tornar as imagens parte do meu real. Sou eu que decido onde o sol exterior brilhará. Posso até melhorar o sol platônico com um bom Photoshop.

No final da sua carreira, Shakespeare escreveu a peça *A tempestade*. Na ilha comandada pelo poder do duque Próspero, seres mágicos como Ariel produzem ilusões como fazer crer que existe uma mesa de banquete onde nada há. A filha do duque, a doce e ingênua Miranda, ao ouvir falar de lugares além do seu isolamento insular, pensa no "admirável mundo novo" que ela ainda desconhece.

No século XX, Aldous Huxley pega a frase de Miranda para batizar sua distopia. No mundo do livro, existe uma droga feita para impedir a tristeza. Todos possuem funções predeterminadas, e a droga impede qualquer tom de cinza na vida. Uma sociedade intoxicada quimicamente para parecer feliz: a profecia de Huxley é assustadora.

A internet encontrou as duas coisas para nós: a magia ilusionista de Próspero e a droga da felicidade de Huxley. Aí está um admirável mundo novo que poderia eliminar toda solidão. Será?

Livre para bloquear, livre para fantasiar e livre para insultar, a comunicação virtual deveria ter libertado a todos da solidão ou dos riscos dos espinhos. Deveríamos todos ter um grau de felicidade muito grande, especialmente entre jovens que usam esse recurso para escapar da solidão. Há magia, poder, ilusão de primeira qualidade e muita droga feliz. Deveríamos estar cobertos de felicidade.

O que notamos entre tantos sorrisos e vidas plenas das redes? Vivemos uma perigosa epidemia de suicídio entre jovens. A depressão está se tornando um mal mais forte na nossa era. Já indiquei o crescimento assombroso da farmacopeia contra a tristeza. O que pode explicar esse paradoxo?

Para responder a essas perguntas, analisemos um debate que existe desde os anos 1990: a internet, criada para integrar as pessoas, eliminar distâncias e barreiras, diversificar as perspectivas individuais, estaria criando uma espécie de "autismo digital", "isolamento nas redes", "solidão entre milhões" e seres depressivos diante de uma infinita barra de rolagem? O solipsismo é a teoria de que somente existe meu eu envolvido pelas minhas sensações. Sou o mundo e sua totalidade, e os outros seres, no fundo, são apenas sensações. Olhando e se deleitando consigo, parte da atividade da internet é um "solipsismo voyerístico", ou seja, envolvido em si e observando a si (*voyeur*).

Vamos trazer mais facetas da polêmica. É inegável que a internet tem o potencial de criar autonomia e nos tirar de isolamentos involuntários. Li, em 2018, como Barranco Alto, um pequenino distrito de Alfenas, estava diretamente experimentando isso. Lá vivem cerca de 500 pessoas. Às margens de Furnas, isolada geograficamente de outras áreas urbanas, a cada 3 casas, 2 são de veraneio, cheias apenas quando é alta temporada. Nessa típica sociedade *face-to-face*, onde é quase impossível não conhecer alguém, pois todos são vizinhos, uma balsa era a ligação com o mundo exterior. Esperar por uma travessia que só ocorre de hora em hora ou se arriscar em estradas de terra bastantes difíceis. Mais do que um convite, um mandato à solidão, à introspeção. Em 2016, uma empresa regional levou internet à microrregião. O depoimento de uma professora universitária federal, moradora de Barranco Alto, chamou atenção. Ela ministra aulas de matemática em modalidade de ensino a distância. Para trabalhar, antes da internet chegar ao lugar onde mora, tinha que viajar de moto três vezes para Alterosa, a 40 quilômetros de Barranco Alto. Cada perna do trajeto durava uma hora e meia em estrada de terra. Com a banda larga instalada, as viagens restringiram-se aos dias de avaliação. Passou a trabalhar de casa. Fez cursos on-line, assistiu a videoconferências sem sair do lugar, criou perfis em redes sociais e reencontrou (virtualmente) amigos de infância.

O caso dessa professora é algo para pensarmos. Ineludível: ela deixou um isolamento. Conectou-se com alunos, colegas e mestres sem sair de casa. E, no fim da minha frase, reside o mais curioso: sem sair de casa. Isolou-se rompendo um isolamento. O paradoxo é o X da questão que me intriga há tempos. Vencemos a solidão ou ficamos mais sozinhos em meio à rede?

Ainda no lado positivo, a internet traz autonomia. Com um clique no mouse ou com a ponta dos dedos, posso escolher entre produtos, comparando qualidades e preços. Se quiser a opinião de alguém sobre um hotel, internautas como eu falam de suas experiências no lugar. Já reservei quartos e deixei de reservar frequentando sites e aplicativos dessa natureza. A sensação de que estou acima da propaganda, por vezes enganosa, ou do jabá de agências de viagem predatórias é libertador. A Anatel, ciente da importância desse potencial democratizante, criou em 2010 o Plano Nacional de Banda Larga, que prometia levar o acesso à internet país afora. As empresas signatárias do plano enriqueceram. Ou seja, conectar pessoas é estratégico e dá lucro.

Em 2009, um estudo feito pela ONG Pew Internet & American Life Project foi divulgado nos Estados Unidos. O resultado do estudo era categórico em afirmar que usuários da internet e de *smartphones* têm mais amigos do que os fora da rede e que isso melhora a vida das pessoas. A pesquisa ia além: o uso da internet estava fazendo com que as pessoas estivessem mais conectadas entre si e mais abertas à comunicação. Pessoas que compartilham fotos e opinião estariam mais dispostas a discutir política e aumentar seu ativismo social, pois 72% dos blogueiros estavam mais inclinados a participar de uma associação voluntária local. O local, e não o global, era a surpresa das redes sociais: "As pessoas não necessariamente estão usando a internet para entrar em contato com pessoas do outro lado do mundo; elas a estão usando para falar com pessoas de sua mesma área metropolitana", relatava Keith Hampton, da Universidade da Pensilvânia, um dos coordenadores da pesquisa.

Ele concluía o relatório dizendo que o número de norte-americanos socialmente isolados, definidos dessa forma por não terem alguém com quem discutir assuntos considerados importantes em sua vida, era exatamente o mesmo desde 1985, ou seja, muito antes do impacto da internet. A cereja do bolo do otimismo dizia respeito à diversidade de horizontes que esse contato em rede trazia: nas redes sociais, havia uma maior probabilidade de relacionamento entre pessoas com diferentes experiências de vida. Logo, seríamos expostos a uma maior diversidade de experiências, enriquecendo nossa existência. Como declarou o entusiasta Howard Rheingold, em *A comunidade virtual*: "As relações sociais não se baseiam apenas em contatos físicos. Na verdade, elas têm aumentado graças à mídia artificial desde a invenção da mídia impressa e do telefone".

Quase uma década depois dessa pesquisa, sou forçado a dizer que ela partia de pontos de vista bastante ingênuos. Aqui começamos o lado das trevas do debate. Contardo Calligaris disse que a escola era um lugar para o jovem se resguardar um pouco e descansar da família. Concordo com ele. Também o quarto dos filhos deveria ser um espaço de solidão saudável. Para os adolescentes, o isolamento do quarto, quando ele é possível (a maioria da população jovem não possui quarto individual), é um escaninho protegido dedicado ao culto do eu, ao afastamento de outros e ao prazer individual.

O gosto adolescente pelo isolamento apresenta o mesmo caráter ambíguo nos adultos. Queremos estar a sós, de preferência com o celular, estabelecendo contato com todo mundo, menos com as pessoas reais da casa. Trata-se de uma sociabilidade controlada, com botão de *on-off*, permitindo que possamos entrar e sair das conversas com autonomia. Talvez não seja a solidão que nos cause horror, mas a falta de controle sobre estar só ou acompanhado. O celular respondeu de forma extraordinária a essa demanda, criando a companhia real-ficcional do mundo. Todo o sucesso do aparelho está no jogo de permitir palco e camarim ao mesmo tempo.

Nenhuma escrita sobre a solidão poderá ignorar o celular, a muleta suprema que criamos para ter o suficiente isolamento do mundo aliado ao contato com quem e quando desejarmos. Somos deuses com ele e decidimos que não é bom que estejamos sós e que, da mesma forma, é ótimo voltar à nossa concha confortável. Somos lobos de alcateia com prazer de uivar solitários para a Lua de quando em vez. Melhor, somos lobos com Instagram e WhatsApp e perfil de muitas alcateias.

Então, parece que a chave de tudo não é solidão ou companhia, porém controle. Idealizamos praias isoladas para... podermos encher a praia com pessoas do nosso círculo. A ideia de exclusividade é acompanhada da possibilidade de selecionar quem poderá povoar o espaço único. Quando a pesquisa de 2009 disse que buscávamos o local para interagir nele, quase acertou. Buscamos o familiar, o igual, o que nos agrada. Criamos círculos viciosos de afeto e de sociabilidade baseados em *likes* e *emojis* raivosos. Você vota em fulano? Te odeio. No ciclano? Te amo, pois é o meu voto. Gosta de tais filmes, assiste a essas séries, lê blogs como esses, assiste a youtubers do estilo do beltrano? Você é inteligente, de bom gosto e meu amigo. Caso contrário, te bloqueio. Simples. A isso, chamamos hoje de amizade. As redes sociais podem reunir multidões e ter potencial agregador e mobilizador, mas sua função revelou-se muito mais simplória: serve, antes de mais nada, para reafirmar o *self*, criar a ilusão da companhia, o vício da curtida. A amizade, como no mundo antigo, pode demolir sociedades, só se efetiva diante de alguém igual a mim. A baliza da minha superioridade moral, contudo, passou a ser decidida também por mim e ratificada pelas minhas comunidades virtuais. O tempo saiu da equação da amizade. Conhecer alguém a fundo tornou-se supérfluo, talvez impossível e indesejável. As pessoas incomodam, corto. A experiência do ser no mundo, de viver, sem dúvida, diminuiu. A previsão do Pew Institute era de que a rede aumentaria meu contato com o outro, ampliaria meu leque de vivências. Ledo engano. Vivemos, perfeitamente felizes, em ilhas que cabem em nossas mãos.

Celular é nossa praia protegida por senha, que pode ser palmilhada por Robinson Crusoé isolado ou selecionar uma sexta-feira disponível. A genialidade do aparelho e a base do seu sucesso compõem esse mecanismo: regulo quem me faz companhia, administro meu silêncio e posso reger quais imagens quero criar para tornar real meu roteiro imagético para o público. Tudo está reunido em um único aparelho! Ah, se o prisioneiro da máscara de ferro da imaginação de Alexandre Dumas tivesse tido a chance de fazer *selfies*, sua solidão teria sido tão menos cruel! Ou teria sido maior?

Muitas outras pesquisas mostram o oposto da de 2009. Todas são unânimes em apontar as redes como vício, como comportamento obsessivo. Em outras palavras, ninguém está nos dizendo para abandonarmos celulares e computadores, mas para refletirmos sobre como os usamos. O cerne da questão parece ser muito maior. Um clássico da sociologia, publicado em 1950, já alertava os pais de *baby boomers* sobre o efeito que estou descrevendo. David Riesman, em *A multidão solitária*, argumentava que a sociedade estava em transição de um estágio "orientado para dentro" para um estágio "orientado para o outro". Até a geração da guerra, as pessoas eram profundamente influenciadas por pais e autoridades mais velhas e de sua comunidade, tendendo a reproduzir seus padrões de vida. No pós-guerra, Riesman detectava a diminuição da importância da vida familiar e comunitária e a ascensão dos meios de comunicação de massas. Nesse novo padrão, os indivíduos passavam a depender cada vez mais da aprovação de seus pares para tocarem a vida: "As pessoas perdem a liberdade social e a autonomia individual tentando ser como as outras".

Se ele tinha alguma razão, quase setenta anos depois vivemos a exacerbação disso. Temos vários mundos e muitas possiblidades ao alcance das mãos, mas usamos essas possibilidades para reafirmarmos a nós mesmos. A ideia inicial era a de que eu alargaria horizontes, mas o conteúdo digital que acessamos é o espelho de Narciso: ouvimos apenas as músicas que nos atraem, buscamos somente notícias que nos interessam e rechaçamos o não familiar e o não usual.

Eli Pariser, um jovem ativista e estudioso da internet, escritor do livro *O filtro invisível*, explica que algoritmos dos sites de pesquisa e das redes sociais filtram e personalizam nossas buscas e selecionam nossos gostos diante das informações que procuramos. Qual de nós nunca se surpreendeu, ao entrar numa rede social, com um anúncio de algo que procurou dias antes? O algoritmo pode facilitar a vida, mas também impede os usuários da web de fruí-la indiscriminadamente. Ou seja, tenho a ilusão de liberdade de navegação, mas trafego em trilhos que construí inadvertidamente. Se tentar sair deles, descarrilho a composição. Segundo Pariser, os usuários são menos expostos a pontos de vista conflitantes com os seus. Isolados intelectualmente, vivemos em bolhas de informação e cultura. Daí o título original do livro: *The Filter Bubble* (no Brasil, publicado como *O filtro invisível*). Somos seduzidos por conteúdos previamente selecionados para que gostemos deles. Profundamente conectados, vivemos isolados. Ele chama essa nova forma de solidão de iSolamento, brincando os nomes de produtos da Apple.

O iSolamento tem efeito na medicina. O Instituto Nacional de Saúde dos Estados Unidos registra que triplicou o número de casos de pacientes com transtorno narcisista da personalidade. Os pacientes são majoritariamente jovens com 20 anos. A geração dos *baby boomers* manteve os mesmos níveis desses transtornos que eram registrados antes do advento da internet.

Os primeiros resultados de grandes pesquisas sobre os efeitos nefastos da solidão nas redes datam dos anos 1990, quando a internet ainda desconhecia algoritmos como os do Google e do Facebook. O primeiro estudo que encontrei é de 1998, embora haja anteriores. Nele, pesquisadores da Universidade Carnegie Mellon, nos Estados

Unidos, afirmavam que pessoas que passam pelo menos algumas horas por semana conectadas à internet tendem a apresentar crises de depressão e de solidão. No ano seguinte, estudos sobre *Internet Addiction* [vício em internet] feitos pela St. Bonaventure University, de Nova York, passaram a equiparar os efeitos de horas e mais horas no mundo virtual com o consumo de drogas e seus efeitos no corpo e na mente das pessoas. A psiquiatria levou tempo para entender a obsessão pela internet como um distúrbio, pois era complicado relacionar uma dependência com fatores não químicos. Kimberly S. Young, líder do estudo pioneiro, escreveu que, mesmo sabendo não se tratar de "uma substância tóxica", o uso excessivo da internet provocava efeitos colaterais, criava processos de dependência e isolamento. O que nos atrairia para esse "vício" seriam a descoberta do novo, a sensação de liberdade (que não seria real), a negação do Eu real (que viria de mãos dadas à criação de uma nova e poderosa identidade virtual), o anonimato e a facilidade de se relacionar e encerrar relacionamentos.

Em nosso país, o problema é igualmente sério. Temos um importante centro de pesquisa e tratamento de viciados em internet, liderado por Cristiano Nabuco de Abreu, na Universidade de São Paulo. Ele tem usado o termo "autismo digital" e criou um blog para discutir os problemas que estuda. E o que descobriram tantos estudos? Na verdade, deram corpo a inquietações sobre as quais venho escrevendo e falando há anos.

O processo da solidão nas redes é, de fato, o que chamei aqui de solipsismo, que mescla práticas de *voyeur* à depressão. O primeiro passo para isso é parar de interagir com o meio social. O indivíduo deixa de ver pessoas no mundo real. Come pedindo on-line, conversa teclando, interage curtindo ou bloqueando. As trocas sociais face a face não são mediadas. Digo uma coisa e não tenho exata certeza do que meu interlocutor pode me responder. O friozinho na barriga da primeira aula, do primeiro encontro, vencer a timidez e a insegurança na entrevista de emprego: todas essas experiências mostram-nos como é inseguro viver no mundo real. É incontrolável, pois dependo do outro. No mundo virtual, as telas do computador ou *smartphone* servem de mediação. Escolho quando e o que ver (ou o algoritmo escolhe tudo o que dói menos). Fica difícil dizer de forma muito direta, mas a companhia real é boa porque ela é diferente de mim. A presença do outro, seja um familiar, seja um amigo, seja qualquer pessoa íntima, estabelece uma prova complexa. Se eu dissesse de forma mais direta, a companhia é boa porque causa certa dor. Na dor encontro algo novo, um limite, um conhecimento a mais, o grão de areia que a ostra pode transformar em pérola. Conviver com a diferença e administrar o atrito inevitável é um ato de maturidade. Ser contrariado, questionado, posto em suspeição, rejeitado, desde que não sejam as únicas experiências que conheça, criam resiliência, moldam personalidade, caráter. O filtro bolha impede tudo isso.

Eis o segundo passo: a supressão do ser no mundo, do indivíduo que é exposto às interações sociais normais, leva à criação de dois monstrengos. Um avatar, uma nova identidade virtual, que normalmente projeta aquilo que desejo ser, num mundo que controlo. O segundo

Frankenstein brota desse duplo criado: a supervalorização do "eu", do *self* (e de sua filha direta, a *selfie*). Na internet não há mazelas que eu não queira que haja. Se posto fotos de doença, é porque quero. Se não quiser ver doença, não posto, não vejo. Se quiser mostrar alguma imperfeição, mostro-a sob o ângulo que eu quero, no tempo em que eu desejo. Os recalques do cotidiano somem diante da fragmentação e da reconfiguração do "eu real" no "eu virtual". Um profundo silêncio instala-se. Despercebido, o silêncio traz solidão. E o isolamento pode esmagar, afogar. Como numa relação de vício, o que me mata também é minha única fonte de prazer.

Se os diagnósticos de que a internet como potencial pode retirar-nos da solidão ou de que, como ato, nos isola são igualmente reais, resta ainda uma pergunta sem resposta: o que veio primeiro, o ovo ou a galinha? Usamos as redes sociais para suprir um vazio, uma sensação de solidão anterior à existência delas ou as redes criaram e alimentam esse sentimento, que pode levar à compulsão e ao vício? Eu não tenho a resposta (embora tenha um palpite) e, aparentemente, tampouco os especialistas a têm. Elizabeth Miller, diretora da Divisão de Medicina para Adolescentes e Jovens Adultos da Universidade de Pittsburgh, uma pesquisadora do tema, declarou no ano passado, em matéria publicada no jornal *O Globo*, que não sabia: "É possível que adultos jovens que se sentiam isolados socialmente tenham se voltado para as redes sociais. Ou pode ser que o aumento no uso das redes sociais, de alguma forma, os tenha levado ao sentimento de isolamento do mundo real. Também pode ser uma combinação. Mas mesmo se o isolamento social veio primeiro, ele não parece ter sido aliviado pelo investimento de tempo on-line".

Se a busca pela solidão nas redes é, no fundo, uma busca pela anulação da dor ou uma tentativa de controle sobre o outro e suas reações, nem tudo sai sempre conforme o programado. Também há nas redes sociais aquele que não exclui, mas é excluído, o que posta, mas ninguém dá *like*, o que não está na foto. O sentimento de exclusão porque não estava no evento ou festa que todo mundo postou ou porque se deixa ludibriar pela exposição massiva da vida de colegas nas redes sociais, sempre uma idealização, pode alimentar inveja, ferir o Narciso e machucar a vaidade: acabo remoendo, em minha triste e segura solidão, a crença distorcida de que a grama do vizinho é sempre mais verde, de que meu colega de trabalho é mais bem-sucedido ou de que meu amigo de infância, que não vejo há décadas, é mais feliz do que eu.

Trocando em miúdos: tenho certeza de que algumas pessoas encontram conforto e pertencimento na internet. São realmente felizes, têm amigos e vivem de forma real no mundo virtual. Para cada uma delas, contudo, existe outra (talvez dezenas ou centenas de outras) que mergulhou numa solidão perniciosa e nefasta. E o problema de um pode ter impacto e ser o problema de todos. Dominique Wolton, sociólogo da comunicação e diretor do Centro Nacional de Pesquisa Científica de Paris, é taxativo ao afirmar que a internet, em especial os programas de trocas de mensagens e as redes sociais, só funcionam para formar comunidades em que todos partilham interesses comuns, jamais sociedades, nas quais o imperativo democrático da convivência com as diferenças seja a regra do jogo. Ele chamou a solidão das redes de "solidão interativa": "Podemos passar horas, dias na internet e sermos incapazes de ter uma verdadeira relação humana com quem quer que seja". "Verdadeira" entendida aqui como contraditória, diferente. Ele tem razão.

Até mesmo os padrões de consumo e a pretensa liberdade de escolher o que consumir on-line podem ser escrutinados sob esse mesmo crivo. Todo mundo que teve menos escolha (e menos liberdade para escolher) do que as possibilidades que existem hoje tem a tendência de indicar que era mais feliz com menos e, ainda, que era mais feliz do que as crianças atuais, por exemplo. O desejo do consumo existe em todos os grupos sociais, mesmo que nem todos possam atendê-lo. Zygmunt Bauman chega a sugerir que as lojas fossem denominadas farmácias, porque oferecem remédios para variados males. Está triste? Compre! Está eufórico? Compre! Está com tédio? Compre!

Há muitos caminhos possíveis para tentar explicar tantas facilidades de saída da solidão e o contraditório sentimento de angústia da vida contemporânea. É importante lembrar que a solidão não é sinônimo de estar sozinho e que companhia não se funde com a ideia de estar acompanhado. Solidão também não é negativa ou positiva em si.

Para que a solidão seja positiva, há uma condição essencial. Isolado das pessoas e em contato comigo, refletindo ou lendo, eu me sinto acompanhado sem estar com ninguém. Assim, mesmo estando sem ninguém, a solidão não pesa nem se transforma em angústia. Ela me leva a um conhecimento maior de mim; ou a uma chance de pensar; ou ao prazer de ler; ou ao deleite de uma paisagem em silêncio. Estou sem mais ninguém e me sinto bem, preenchido, pleno, até. Sempre acreditei que uma pessoa deveria ter até mesmo a necessidade de isolamentos periódicos, quase como uma vacina contra a algaravia do mundo. Periodicamente, buscar certo recolhimento parece ser uma estratégia de fugir de muitas vozes para tentar encontrar o que Sócrates chamaria de *daimon*, algo dentro de você, seu gênio único e consciente.

Solidão pode ser boa e produtiva, tranquilizadora e até essencial. Voltaremos ao tema em outro capítulo. Da mesma forma, a companhia de outras pessoas é essencial. Primeiro porque só com a convivência eu percebo a alteridade, a diferença, os limites de cada ser. Vimos com o exemplo inicial de Adão no Paraíso: a consciência de quem ele era veio com Eva. Conviver com a diferença em qualquer campo é um salto na sua própria consciência.

Menos popular e igualmente importante, o atrito dentro de certos limites razoáveis estabelece uma fronteira ao meu narciso ou a diminuição do sentimento de vaidade e de onipotência. Viver com outros é negociar. Grupos de pessoas são pedras sendo limadas e roladas pelo exercício da convivência. A diferença, os ritmos distintos, a busca de consensos ou de diálogos, os enfrentamentos: tudo se constitui em escola vital. A companhia é um alívio e também uma dificuldade. No prazer da fruição do outro e no próprio atrito da fruição está parte do segredo de se conhecer e não ser dominado pelo egocentrismo.

Sim, existem pessoas muito parecidas comigo em gostos, ritmos, prazeres e rejeições. Tenho tido o prazer de encontrar seres assim na minha trajetória que, em uma faceta ou em várias, parecem muito próximos e muito próximas. O pensamento romântico batizou o ideal de proximidade de "alma gêmea". Ainda que alguém goste exatamente do que estimo, Bach e Shakespeare, por exemplo, que tenha um ritmo similar para fazer coisas, que se entusiasme em momentos parecidos e mantenha um código de ética parecido, nunca serei igual a outro ser. Mesmo na identidade de valores, a diferença sempre existirá, pois ela é um dado humano. Nas relações com pessoas que você ama ou amou, por mais que elas sejam ou tenham sido intensas, certamente há ou houve algum tipo de atrito. Se existem almas gêmeas, nunca são univitelinas, apenas fraternas, próximas; não xifópagas, similares, e nunca fac-similares.

Aqui lanço minha ideia, querida leitora ou estimado leitor. Recapitulo: a solidão pode ser um exercício contemplativo muito bom e um ponto de crescimento. O convívio também pode ser rico pela diferença e pelo atrito em si. As redes sociais não oferecem o isolamento necessário para o crescimento nem a intimidade densa e até conflituosa da relação humana. Não ganho a paz nem enfrento a diferença.

A internet como exercício de relação (diferente de ferramenta de conhecimento) não concede a paz e o isolamento suficientes por ser um fluxo incessante de dados e mensagens, fotos e anúncios. Não existe o deserto na rede. O clique rápido, a barra de rolagem infinita, a mudança de tela, o aviso de mais coisas entrando e de novas piadas e fotos são as sereias irresistíveis que jogam meu barco isolado nas rochas do movimento perpétuo. Assim, redes sociais não trazem a ponderação isolada e produtiva que facilitaria a paz.

Não sendo favorável à paz interior em função da sua dinâmica interna, a internet, mesmo navegada de forma solitária, tem pouco potencial de iluminação e muita força de passatempo amortecedor do tédio.

Se não podem ser o deserto da iluminação, ao menos as redes poderiam ser o desafio da alteridade pela convivência? Poderiam, sim, futuro do pretérito, mas não são. Por quê? Já apontei antes os muitos recursos que tornam meu dedo, ao clicar, juiz, júri e advogado. Carrasco, até. Deletando, bloqueando, apagando ou procrastinando a resposta, domino de tal forma a comunicação que raramente fico fixado na resolução de um conflito.

Uma linha para pensar: as redes são suficientemente agitadas para impedir a reflexão isolada e suficientemente autoritárias para ser um desafio útil ao meu narciso. Volto ao que levantei antes. Seria a minha conclusão válida apenas para uma geração que identifica valor maior ao contato real do que ao virtual? Todo o caminho feito de argumentos seria inválido para analisar a massa de jovens na rede? Eis um bom desafio para o qual não tenho resposta clara, apenas intuições. Talvez cada pessoa, independente da geração/idade, possa dar resposta a algo aberto: seu momento de maior crescimento foi o contato com alguém em carne e osso ou foi em um contato virtual? Eu só tenho a minha resposta. A sorte está lançada.

CAPÍTULO 3

Solidão, solitude e livros

A solidão humana abunda em toda criação literária. Os livros poderiam ser agrupados em duas grandes famílias: aqueles que falam sobre encontros e aqueles sobre desencontros, ou seja, estar só ou estar acompanhado. De alguma forma, a literatura é a história da solidão. Dante sozinho na floresta, perdido e com medo, inicia a *Divina comédia*. A viagem de Ulysses vai ficando cada vez mais solitária com a morte dos companheiros, e, isolado, retorna a Ítaca para, enfim, ao final da *Odisseia*, terminar com sua solidão. O novo Ulysses de James Joyce troca os mares povoados de monstros por uma jornada dublinense ao seu universo de solilóquios. Encontrar e perder, encontrar-se e perder-se, isolamento e abertura, enfim, quase tudo sai ou parte da solidão. E o dado mais curioso sempre: mesmo que a obra não analise solidão, o leitor que a busca, ao ler, estará, necessariamente, solitário.

O que existe nos livros que arrasta o leitor para o universo da consciência solitária? A literatura é o retrato de uma dada cultura; na verdade, as lentes se ampliam e registram também matizes do espectro universal, isto é, as personagens em um conto, um romance, uma tragédia podem e devem extrapolar fronteiras e representar instantâneos não apenas das caraterísticas de determinado povo, mas, sim, das várias faces que compõem a raça humana. Amor, ódio, paixão, ambição, poder, solidão são temas recorrentes na literatura mundial e facilitam esteticamente a identificação do leitor com o "eu" dos personagens. A literatura pode ser uma chave para o autoconhecimento.

Por que escritores, através dos séculos, escolhem falar da solidão em suas obras? Para o cineasta Orson Welles, a resposta era a frase pessimista "o homem nasce só, vive só e morre só. O amor e a amizade dão-nos a ilusão, momentaneamente, de não estarmos sós".

Um artista da palavra, um escritor, um dramaturgo, ao discorrer sobre a solidão, reflete no papel sua experiência de tal vivência, uma vez que pessoas inteligentes e sensíveis, habitadas por livros e habitando livros, são em geral solitárias. Quanto maior o repertório, maior a introspeção. Além do mais, o escritor necessita de isolamento para poder dialogar consigo e com a percepção das coisas ao seu redor.

Precisamos fazer uma distinção possível, ainda que não aceita por todos, entre solidão e solitude. A primeira pode ser considerada negativa, independendo, inclusive, de estar isolado, apartado da sociedade, pois podemos nos sentir solitários na multidão. A solitude, por outro lado, tem caráter positivo, enseja ao ser a possibilidade de escuta de seu "eu" e é condição imprescindível para qualquer forma de expressão estética. O artista sabe que precisa de momentos isolados para poder gerar o belo. Há aqueles que consideram verdadeiro sofrimento a reclusão autoimposta, provavelmente por alguma característica sensível de seu temperamento mais gregário. Leonard Bernstein, o famoso maestro norte-americano, confessava a amigos que detestava isolar-se para compor. Já o britânico Andrew Wiles, verdadeiro artista da matemática, de bom grado isolou-se por completo durante um ano (1993--1994) para poder eliminar um erro encontrado após a sua demonstração do último Teorema de Fermat, um dos mais antigos e notáveis problemas em aberto da história dos números. Graças à sua dedicação e ao concurso de Richard Taylor, o erro foi corrigido e ele teve o orgulho merecido de ver o teorema rebatizado como Teorema de Fermat-Wiles. Difícil imaginar que ele se sentisse solitário tendo a mente povoada de fórmulas e equações matemáticas. Se a inteligência de alguém é fator de afastamento das massas, ela propicia produções extraordinárias.

A solidão se manifesta no bebê quando busca companhia na audição de sua própria voz ao produzir os primeiros sons, no choro sentido para chamar atenção dos pais ou quaisquer outras pessoas ao redor e, mais tarde, um pouco maior, quando conversa com amiguinhos imaginários. Comum também é encontrar adultos que moram sozinhos dialogando em voz alta com os próprios pensamentos. É tão difícil para o homem permanecer solitário, em silêncio, que ao fazer orações, por exemplo, sente urgência em proferi-las de forma audível. Só a mente mais preparada e treinada consegue meditar ou orar introspectivamente, sem se deixar embotar pelo sono.

    Estamos viciados na poluição sonora que teme ouvir os próprios pensamentos, daí ligar vários aparelhos ao mesmo tempo para abafar os gritos da consciência. Não há como fugir da constatação de que quanto mais consciente for, mais solitário se sentirá. Em um mundo de abundante comunicação escrita, jamais fomos tão ilhados em nós mesmos como agora. A leitura de bons livros que possibilitaria conhecimento, introspecção inteligente e boa companhia vem perdendo adeptos. Já pensou que a literatura pode provocar alargamento de horizontes, experiências vibrantes e deleites intelectuais? Diante de um livro aberto, colocamo-nos como viajantes prestes a embarcar em um porto de possibilidades, sem nunca sermos assaltados pela solidão durante a viagem, mesmo que o livro narre a solidão do personagem. Afinal, a sensação de participação na história estabelece intimidade, e intimidade só é sentida em companhia. A abertura do coração do personagem provoca abertura de nosso próprio coração, transformamo-nos em espelhos de suas emoções, que reverberam tão profundamente em nós que perdemos a noção de espaço e tempo reais e somos levados, em virtude do processo de identificação com o personagem, à catarse de aspectos de nosso eu mais secreto. A literatura possibilita a chamada experiência vicária, pois, ao entrarmos em contato com as experiências dos personagens, atravessamos fronteiras desconhecidas de nós mesmos. O outro, o estranho, o "estrangeiro" do livro, deflagra o estranho, o "estrangeiro" em nós, e ao reconhecer sua presença passamos a conhecer o que estava velado em nós e constatamos que somos todos estrangeiros em um processo contínuo de autoconhecimento, processo esse que se prolonga até a morte. Julia Kristeva, a intelectual búlgara-francesa, afirma sermos "étrangers à nous-mêmes", isto é, "estrangeiros a nós mesmos" e, paradoxalmente, não sermos, pois estamos irmanados pela própria condição humana. Estrangeiros do usual, distantes do comum, produzimos o afastamento necessário para criar consciência. Talvez esteja aqui a chave de a leitura ser tão boa para o fato de estar sozinho: ela cria personagens internos e cria um outro em nós mesmos, como queria Kristeva, de tal forma que somos cercados de pequena multidão interna.

A solidão enunciada na literatura pode ser de várias naturezas. Ela pode decorrer da ânsia pelo poder, como é o caso do personagem Macbeth, na tragédia de mesmo nome, de William Shakespeare. Macbeth, instado por sua mulher, Lady Macbeth, mata o rei Duncan e vários outros personagens que lhe atravessam o caminho rumo ao trono da Escócia. Trilhando a estrada da morte, passa a peça inteira dialogando com fantasmas de suas vítimas. A ambiciosa Lady Macbeth também vive isolada em seu desespero, tentando em vão lavar as mãos do sangue de Duncan, que em seu leito de morte lhe recordara o próprio pai. Outro aspecto a considerar é que o casal, que parecia ter uma relação de interação amorosa-sexual, após o primeiro grande delito começa a experimentar afastamento e perda de contato satisfatório, passando a ser apenas cúmplice de crimes e mergulhando, aos poucos, em um delírio povoado de espectros de suas consciências. Macbeth "matou o sono", e Lady Macbeth percorre o palácio e acaba buscando a morte, propositalmente ou não, ao despencar de uma torre.

O personagem Hamlet ilustra a solidão da consciência exacerbada do príncipe da Dinamarca. Espírito inteligente, culto e sensível, ele demora para agir em relação ao rei Cláudio, seu tio e assassino do próprio irmão. Sua indecisão é fruto da incessante ponderação pela busca da verdade, isto é, se o fantasma que lhe aparecera na torre seria mesmo o antigo rei clamando por vingança ou apenas um espírito amaldiçoado tentando levá-lo à danação eterna. Hamlet é tão isolado em si mesmo, analista implacável de suas atitudes e de seus anseios, bem como da conduta dos demais personagens da tragédia, que uma decepção profunda assalta seus mais nobres sentimentos: o amor que sente por Ofélia é frustrado pela constatação de que ela é um instrumento débil nas mãos de seu pai, o ambicioso e tolo Polônio; Gertrudes, a rainha, não inspira a Hamlet amor filial genuíno, pois para o príncipe sua mãe está mais interessada nos clamores do sexo, uma vez que se deixa envolver pelo astuto e libidinoso Cláudio, do que pela intimidade com o filho; Rosencrantz e Guildenstern, "amigos" de infância e de universidade, na realidade não são amigos verdadeiros, pois espionam Hamlet para descobrir suas intenções e relatá-las ao rei. O único personagem que parece expressar equilíbrio, dignidade, caráter e fraternidade para Hamlet é Horácio, colega de Wittenberg, mas nem mesmo ele tem influência eficaz nas atitudes do príncipe.

Hamlet é o exemplo por excelência da solidão causada pela consciência em seu grau mais apurado. Apenas em um amigo encontrou refúgio da melancolia solitária que expressa em tantos versos.

Dom Quixote, o Cavaleiro da Triste Figura de Miguel de Cervantes, personifica a solidão idealista de um fidalgo arruinado. Desiludido com o mundo, enamorado de livros de cavalaria, leitor voraz dos feitos e glórias de outrora, torna-se solitário em seus sonhos. O magro fidalgo acorda, certo dia, convicto de que é um verdadeiro herói medieval e busca imitar cavaleiros fictícios como Amadis de Gaula ou reais como Rodrigo Díaz de Vivar, El Cid. Com tal consciência fictícia, sai, montado em Rocinante, em busca de aventuras tendo ao seu lado o fiel escudeiro Sancho Pança, combatendo moinhos de vento, defendendo oprimidos, donzelas em perigo, oferecendo suas vitórias e façanhas à amada de seu coração, Dulcineia. É claro que Dom Quixote não poderia deixar de ter sua Dulcineia, uma vez que Amadis tinha sua Oriana e Dom Rodrigo, sua Jimena. Alonso Quijano era solitário em seus devaneios literários; seu alter ego, Dom Quixote, é mais solitário ainda: só ele crê ser um cavaleiro autêntico, e paradoxalmente, em seu idealismo puro, ele é mais cavaleiro do que qualquer outro que o precedeu. Sua grandeza é tal que pode figurar exemplarmente ao lado de um Rinaldo, de um Godofredo de Bulhões, figuras eméritas de *Orlando furioso* de Ariosto e de *Jerusalém libertada* de Torquato Tasso.

Saindo da Espanha moderna, vamos às colônias. *Cem anos de solidão*, do colombiano Gabriel García Márquez, ilustra, entre os vários temas presentes na obra, a questão da solidão egoísta. O novo cenário é Macondo, cidade fictícia e isolada do resto do mundo, palco de sete gerações sucessivas de uma família, em que a repetição de nomes, histórias ora trágicas, ora cômicas seguirão em um fluxo circular incessante, numa espécie de eterno retorno nietzschiano. A saga da família Buendía tem como pano de fundo a própria história da América Latina, os personagens ensimesmados, atendendo a solicitações egoístas de suas personalidades. Quase todos são prisioneiros de situações que se repetem em Macondo, cidade dos espelhos. O sentimento altruísta, gerador de alegria, traria a redenção da solidão egoísta que domina a família Buendía há cem anos. Ao final, surge uma maldição sobre todos, despertando a ideia de um século solitário, sem compreender ou ser compreendido.

Macondo tinha solidão com muitas pessoas. Vamos para a solidão mais isolada. O romance *Robinson Crusoé*, de Daniel Defoe, exemplifica o isolamento forçado imposto ao personagem em decorrência de um naufrágio. O jovem Crusoé, à revelia de seu pai, parte em busca de autonomia e vê-se preso durante anos em uma ilha, onde inicia um processo de amadurecimento imposto pelas vicissitudes que terá de enfrentar para sobreviver. Forçado pelo isolamento, Crusoé aprende a defender-se dos perigos, das intempéries e da falta de alimentos. Usando a razão e a lógica, passa a fazer um registro minucioso de tudo o que observa na ilha para tirar proveito em seu favor. Ele não é um sonhador nem se deixa impressionar pela natureza ao seu redor, mas assume um viés prático e objetivo para poder permanecer vivo. A "Ilha do Desespero" também é testemunha de seus questionamentos religiosos, ao desobedecer à vontade paterna. Em seu desejo por liberdade e aventuras, o jovem, de certa maneira, desobedece a Deus e considerará como castigo o naufrágio e tudo o que decorre dele. Ele sente que precisa expiar sua culpa mediante sofrimentos. Finalmente, após dolorosos embates, consegue apaziguar sua consciência e tornar-se, em seu entender, verdadeiro cristão.

A solidão física de Crusoé é aplacada quando, para sua alegria, constata que seu papagaio Poll também sobreviveu ao naufrágio e passa a lhe fazer companhia sonora. O divertido na história de Robinson Crusoé é o surgimento de outros dois papagaios, originários do Brasil, a quem o náufrago passa a ensinar a falar, mas como "estrangeiros" serão inferiores ao seu Poll! Outros companheiros de solidão são um cão, um gato e uma cabra domesticada. Somente depois de duas décadas, Crusoé faz contato com um cativo que ele salvara das mãos de canibais que faziam "refeições" na ilha. Em agradecimento, o jovem, que será chamado de Sexta-feira, por ter sido encontrado em uma sexta-feira, torna-se um fiel subordinado de Crusoé, aprende inglês e se deixa cristianizar. O fato de Crusoé passar tanto tempo "desterrado" na ilha possibilitou-lhe o autoconhecimento e a descoberta de talentos desconhecidos: fé fortalecida e criatividade (aprendeu a plantar para se alimentar, construiu um abrigo para se proteger dos elementos e exerceu dons de "diplomacia" para se salvar de situações conflitantes, haja vista o caso dos amotinados do navio inglês). Enfim, surge a solidão produtiva.

Há outro tipo clássico de solidão na literatura. A solidão imposta pela culpa torna seu portador um pária de si mesmo, para ele a redenção é impossível. Nada, absolutamente nada, conseguirá diminuir a dor da vergonha inominável. É o caso de Jim, imediato do *Patna*, embarcação que transportava 800 peregrinos muçulmanos rumo à Meca, do romance *Lord Jim*, do autor polonês Joseph Conrad, ele mesmo experimentado homem do mar. Tendo começado a aprender inglês aos 21 anos, aos 29 tornou-se cidadão britânico e passa a escrever na língua do país que o adotara. Publicou vários romances e contos que lhe deram destaque na literatura inglesa. O personagem Jim, espírito romântico, sonhador, dotado de "uma sensibilidade invulgar", é levado ao mar mais pela influência de livros do gênero do que por inclinação autêntica. Já oficial da marinha mercante, após ter-se recuperado de um acidente em alto-mar, Jim junta-se a quatro outros oficiais num navio enferrujado no mar da Arábia. Durante a viagem, em noite tranquila, a embarcação bate em destroços flutuantes e sofre severa avaria. Como houvesse somente dois barcos salva-vidas, e ao que tudo indicava o naufrágio fosse iminente, os quatro oficiais corruptos fogem, convencendo Jim a ir com eles. Posteriormente, ao chegar à terra, descobrem que o navio não afundara. Jim é o único levado a julgamento, os demais evadem-se. A partir de então, começa seu suplício: aceitando empregos humildes, buscando desesperadamente o anonimato nos mais distantes portos do Oriente. Uma característica o distingue exteriormente: está sempre vestido de um branco imaculado, como se a alvura das roupas conseguisse apagar-lhe a mancha da culpa vergonhosa. Jim se sente duplamente covarde, uma vez que, quando ainda era cadete, hesitara em jogar-se ao mar para salvar náufragos, perdera a oportunidade de ato heroico, acreditando que haveria outro momento para provar seu valor. No episódio do *Patna*, por erro de cálculo, abandonara 800 pessoas ao seu infortúnio. Não importava que elas tivessem sobrevivido; ele, Jim, não sobreviveu ao julgamento de si próprio, tornando-se um errante solitário. No final do romance, ele é pela terceira vez derrotado pela sua tibieza: avaliando mal a atitude de uma raposa mercenária, leva o vilarejo de Patusan à tragédia. Embora tivesse granjeado a estima dos habitantes do lugar, ao ajudá-los contra um tirano local, daí a alcunha de Tuan, Senhor, em virtude de seu erro e crença, o filho (seu amigo) do líder local é assassinado; em decorrência de sua culpa é expulso, hesita em partir e acaba morrendo. Na realidade, ao ficar em Patusan, procurou a morte deliberadamente. Nas palavras do principal narrador da história, Marlow, "he was one of us" [ele era um de nós], ou seja, em sua fraqueza, nos irmanava a todos. É interessante realçar que o próprio nome do vilarejo perdido no Oriente, Patusan, contém as letras "u" e "s", que juntas em inglês significam "nós" (nós e nossa fraqueza), e Patan, a repetição, em letras trocadas, do *Patna*, palco de sua segunda covardia. Para Jim, não há escapatória de sua consciência acusadora, o terceiro fracasso somente será expiado pela morte redentora.

Solidão obsessiva e amaldiçoada por uma monomania? O capitão Ahab do romance *Moby Dick*, de Herman Melville, corporifica o modelo. É a solidão autoimposta, arquiteta da vingança, isto é, um homem marcado pelo desejo compulsivo de lutar contra um espécime da Natureza, Moby Dick, a baleia-branca que lhe roubara uma das pernas. Ele passa quase o tempo todo invisível para sua tripulação, isolado em sua cabina no *Pequod*, perdido entre mapas cartográficos. Ahab é um titã incansável. Ninguém nem nada consegue demovê-lo da caça à baleia assassina. Existe na história de Melville uma verdadeira animização da baleia: ela parece ser uma criatura pensante maldita. Mesmo sendo avisado de que vencer tal monstro é humanamente impossível, Ahab não desiste, é como se assumisse a luta contra a própria natureza criada por Deus. Ao fim e ao cabo, perece, bem como todos os homens de seu barco, à exceção de Ishmael, que, miraculosamente salvo, fica para contar a história.

Há outras solidões vingativas. É o caso do personagem Edmond Dantès, de *O conde de Monte Cristo*, de Alexandre Dumas. Ele é um jovem de 19 anos, marinheiro ingênuo que está prestes a realizar seu sonho de casar-se com a escolhida de seu coração, a bela catalã Mercedes. Mas vê-se enredado em tal intriga que resulta em seu confinamento na terrível prisão do Château d'If durante catorze anos. Quatro são os sabotadores de sua quase realização amorosa e também profissional: Danglars, colega marinheiro, invejoso da promoção iminente de Dantès a capitão do navio de bandeira francesa, o *Pharaon*, em virtude da súbita morte do antigo capitão; Fernand Mondego, rapaz da comunidade catalã em Marselha, apaixonado por Mercedes, que insiste que ela se case com ele e não com Edmond; Caderousse, vizinho do pai de Dantès e responsável pela sua humilhante penúria, pois quando Dantès partira, deixara uma dívida em aberto com Caderousse, e este, *incontinenti*, cobrara o dinheiro do pai; e Gérard de Villefort, procurador do rei Luís XVIII, extremamente ambicioso, sente-se ameaçado ao saber que Dantès era portador de uma carta para Noirtier, bonapartista ferrenho e seu próprio pai. O esquema para prender Dantès é arquitetado pelos quatro e surte o efeito desejado. Acusado de ser favorável à Napoleão, é encerrado em um calabouço no Château d'If, lugar de onde ninguém lograra escapar. Durante sete anos, Edmond Dantès, solitário, rememora seu infortúnio, decidido a cometer suicídio no infernal cubículo, até que descobre a existência do Abade Faria, tido como louco na masmorra. O velho abade decidido cavava em sua cela, na esperança de fugir. Motivado pela possibilidade, Dantès se dispõe também a cavar. Outros longos sete anos se passam, durante os quais o Abade Faria inicia o processo de educação do iletrado Edmond. O marinheiro, que era analfabeto, aprende línguas, ciências, história e literatura. Quando estão prestes a escapar, o velho abade morre, mas antes revela ao companheiro de solidão a existência de um tesouro incalculável escondido na Ilha de Monte Cristo. Edmond Dantès consegue fugir, escondendo-se no saco que era para o corpo do abade. Uma vez livre, apossa-se do tesouro da Ilha de Monte Cristo e planeja sua vingança com requintes. Segundo suas próprias palavras, transforma-se em um "Anjo Vingador" do Senhor. Premia os bons, aqueles que foram prejudicados pelos quatro vilões, e castiga os perpetradores de sua desgraça de maneira exemplar. A solitude engenhosa do Conde de Monte Cristo provoca a ruína sem apelação de Danglars, que perde tudo; Caderousse, que é assassinado por comparsa de crime; Mondego, que se mata ao ser descoberto e abandonado pela mulher Mercedes (ex-noiva de Dantès, com quem lograra casar-se, pois ela pensara que o amado estava morto) e pelo filho Albert; Villefort, ao ver-se acusado publicamente de todos seus crimes, enlouquece. É importante frisar que os quatro homens vis são conscientizados de que Edmond Dantès sobrevivera ao calabouço do Château d'If e voltara para empreender a vingança arquitetada durante anos de desespero e solidão pavorosa.

O pacote do envelhecimento pode incluir solidão. Seus amigos estão morrendo e você tem dificuldades em criar novas relações. Santiago, pescador pobre de Cuba, é a solidão-símbolo da idade avançada. Ainda que tenha o cuidado e o afeto do menino Manolin, a quem ensinara pescar, vive isolado em sua choupana na praia. Viúvo, escondera até a fotografia da finada mulher numa gaveta para não se lembrar de sua pranteada ausência. Ele é o anti-herói de *O velho e mar*, de Ernest Hemingway. É impossível não estabelecer empatia com o sofrimento calado desse homem, considerado *salao* [azarado] pelos demais habitantes do vilarejo. Há quase três meses sem conseguir pescar um único peixe, fecha-se cada vez mais em seu silêncio. A única companhia que lhe resta é a solidão orgulhosa: não reclama, não pede coisa alguma a ninguém. Anteriormente, contara com o auxílio de Manolin no barco. Receosos de que *la mala suerte* também contagiasse o jovem pescador, ele lhe foi tirado pelos pais. Santiago segue agora mais isolado do que nunca, porém, no íntimo, ainda não desistiu de obter sucesso na pescaria. Como é velho, sem a energia de outrora, caiu em descrédito, perdeu o respeito dos demais pescadores. Seu corpo é alquebrado, rugas profundas sulcam-lhe o rosto castigado e manchado pelo sol, mas os olhos da cor do mar ainda conservam o brilho de vida, de esperança de melhores dias. É curioso ressaltar que Santiago é um personagem leve, apesar do fracasso evidente; enquanto está vivo, busca sobreviver com dignidade. Tem a sabedoria dos anos, não procura mais grandes feitos. Não "sonha mais com tempestades, mulheres, grandes peixes, nem mesmo com a esposa". Está em paz. Agora, ele "sonha com leões numa praia, brincando como gatinhos". A natureza representada pelos pássaros, pelo mar, pelos peixes é uma natureza amistosa para Santiago. Ele tem genuíno respeito por ela. A luta que o velho pescador trava com o grande peixe é disputa em que, segundo ele, deve vencer o melhor. Em nenhum momento, Santiago sente raiva de seu oponente, chega a considerá-lo quase como um "irmão". Sabe que sairá vitorioso no final, lamenta ter de matar, dar o golpe derradeiro na cabeça do marlim. Admira o peixe até o último instante de luta. Após prendê-lo ao barco, para levá-lo de volta à praia, empenha-se ao máximo para afastar os tubarões que seguem a trilha de sangue deixada pelo animal ferido. Considera uma indignidade o enorme peixe ser devorado pelos predadores incansáveis. Convém salientar que o fato de o velho estar sozinho no barco e lutar por dias com o enorme peixe confere grandeza à façanha de Santiago. Ao voltar para casa, a única coisa que sobrou do peixe foi a grande carcaça, mas o pescador acredita que ele foi "destruído", mas não "derrotado". Santiago também, pois os anos lhe roubaram o vigor, destruíram seu corpo, seu rosto, mas os olhos cor de esperança continuaram vivos, sem indício algum de derrota; a solidão imposta pelo tempo, pelas circunstâncias, tornou-o vitorioso, no final. Ele consegue recuperar a admiração dos outros pescadores, e o menino Manolin lhe é devolvido para sair em novas pescarias.

Claro, existe a refinada solidão filosófica. É o caso da solidão buscada por Ralph Waldo Emerson, filósofo, ensaísta e poeta norte-americano. Um dos criadores do movimento transcendentalista na literatura que brotou na Nova Inglaterra acreditava que "é na solidão que se encontra o trabalho da criação, porque o homem, embora ainda novo, mas tendo já provado a primeira gota da taça do pensamento, acha-se por isso dissipado, enquanto as árvores e avenças parecem incorruptas" (tradução de Carolina Nabuco). A observação do particular, uma folha, pode, pela intuição, levar à complexidade do todo, do macrocosmo? A solidão da floresta é criadora, motivadora de *insights* inspiradores. Emerson é encantado com o trabalho de criação da Divindade. "A delicadeza de um floco de neve caindo silenciosamente, simplesmente perfeito em seu desenho cristalino", aliado à sinestesia vivenciada e expressa magistralmente em "o vapor tilintante do perfumado vento sul, que transfigura todas as árvores em harpas de vento". Emerson achou-se constantemente dividido entre períodos de solidão autoimposta para criar a vivência em sociedade.

O exemplo frutificou. Desponta outro amante da Natureza, Henry David Thoreau, autor de *Walden, ou a vida nos bosques*. Thoreau foi, à distância de quase dois séculos, um ambientalista: "[...] na floresta intocada está a preservação do mundo. Cada árvore lança suas fibras em busca do silvestre". Thoreau foi um entusiasta radical da Natureza. Isolou-se durante dois anos em uma floresta, por necessidade absoluta de liberdade, independência social e descoberta espiritual. O isolamento deveria oferecer-lhe conhecimento da natureza ao seu redor (as árvores, o lago com os peixes etc.), bem como de sua própria natureza. Dotado de temperamento introspectivo, solitário por excelência, conviveu bem com sua solidão. Apreciador de leituras orientais, o *Bhagavad Gita* em especial, Thoreau estabeleceu sintonia fina com a Natureza. É possível imaginar que sua solidão na floresta fosse eloquente: ouvindo o silêncio sagrado dos bosques de pinheiros, aspirando-lhes o perfume, fotografando com os olhos as folhas da relva. Dois anos possibilitaram-lhe testemunhar a beleza da mudança de estações em Concord, Massachusetts. O lago Walden incendiado pelas cores vermelhas e douradas do outono, o verde-esmeralda das árvores no verão, a queda suave dos flocos de neve no inverno, acalentando a natureza em repouso, e o renascimento vibrante de cores e sons de pássaros gorjeando na primavera. Solidão privilegiada na beleza da Nova Inglaterra. Solidão contemplativa e cheia de significados que traz um pouco de dor. O sofrimento estava mais no mundo. Thoreau prefere um frio aquecido pela natureza isolada aos espinhos da companhia humana.

Vivemos em um mundo de preconceito. A solidão do homem é tornada épica. Em culturas patriarcais e misóginas, a da mulher é considerada, em geral, banal. Haja vista o caso de Heloísa de Argenteuil, nascida por volta de 1095 na França. Uma mulher medieval, fora do padrão da época, pois sabia ler, escrever, conhecia o latim, o grego e o hebraico, interessava-se por filosofia: uma erudita. Heloísa amou Pedro Abelardo e foi por ele amada. Ele era filósofo brilhante da Escolástica, teólogo e tradutor de grego e latim em Paris. Abelardo foi mestre de Heloísa a pedido do tio dela, o cônego Fulbert, religioso cheio de ambição que julgara acrescentar prestígio à sobrinha se lhe designasse Abelardo como seu tutor intelectual. O resultado do encontro entre dois cérebros privilegiados foi uma paixão avassaladora e trágica. Parodiando o poeta François Villon (François de Montcorbier) em seu poema "Ballade des dames du temps jadis" [Balada das damas de outrora]: "Onde está a mui sábia Heloísa, em nome de quem foi castrado e depois se fez Monge Pedro Abelardo em Saint Denis?". Pois bem, à revelia de Fulbert, professor e aluna enredados em seu amor ardente produziram um filho, Astrolábio. Instado a casar-se, o filósofo, a pedido de sua discípula, manteve o casamento em segredo, para não ser prejudicado em sua reputação de professor. Segundo consta, Fulbert, tomado de ódio por Abelardo, manda castrá-lo. Frustrado, sentindo-se uma aberração, incapaz de satisfazer a mulher amada, se faz monge, e Heloísa, sem vocação alguma, torna-se religiosa. Abelardo continuou sua vida intelectual de forma intensa. Heloísa, trancada em um convento, perdeu o amante, o deleite intelectual e o filho, que foi entregue aos cuidados da irmã de Abelardo. Amargou a solidão, a dor, a saudade infinita – o luto por um amor que lhe foi roubado em plena juventude. Seu único consolo foi a troca de correspondência com Abelardo. Sobreviveu a ele mais de vinte anos, sem nunca ver aplacada sua solidão desesperada. Talvez pudéssemos dizer que a solidão de Heloísa foi dupla: perdeu o amante físico e intelectual. No silêncio do claustro, deve ter ansiado por Pedro Abelardo até o apaziguamento dos hormônios. Tinha menos de vinte anos quando se tornou freira.

Já a filósofa neoplatonista grega, matemática, física e astrônoma Hypatia de Alexandria enfrentou inimigos religiosos ferozes de seu tempo. A solidão possibilitou-lhe diálogo constante com sua solitude povoada de cálculos, fórmulas, teoremas e equações matemáticas. Jamais se casou, pois era casada com a ciência. Seu pai, Téon, educara Hypatia para o saber, para a pesquisa constante, e não para seguir uma vida de dona de casa comum. Por suas ideias avançadas para a época, entrou em conflito com a religião cristã, que despontava em Alexandria. Foi acusada de heresia e também de influenciar negativamente Orestes, o governante local. Para fanáticos cristãos, Hypatia era quase uma feiticeira com poderes diabólicos, daí ser perseguida e morta de forma brutal: seu corpo foi retalhado com conchas afiadas e queimado. Morria assim uma mulher singular, vítima de preconceito religioso e de gênero; calara-se a voz que ousara debater publicamente conceitos profundos de ciências astronômicas e matemáticas.

Emily Brontë, inglesa, soube desde cedo vivenciar na pele a solidão física da natureza violenta ao seu redor. Filha de pai pastor inteligente, austero, porém amoroso, educada dentro de princípios religiosos cristãos estritos, juntamente com seus irmãos conseguiu dar espaço à imaginação poderosa e ao temperamento apaixonado por intermédio da leitura – provavelmente, as primeiras incursões nas letras se deram no contato com as histórias da Bíblia, depois, com certeza, outras foram suas leituras. Escreveu poesia e um único romance, *O morro dos ventos uivantes*, ousado, *dark*, quase masculino, que a projetou definitivamente nas letras inglesas. O próprio nome do protagonista da história, Heathcliff, penhasco, precipício de urzes, evoca seu caráter apaixonado, sombrio e difícil. Heathcliff é irremediavelmente solitário desde a infância, quando vaga pelas ruas de Liverpool. Resgatado e adotado por Earnshaw, proprietário do Morro dos ventos uivantes, passa a conviver com seus dois filhos, Hindley e Catherine. De imediato, Heathcliff e Catherine se veem atraídos um ao outro, brincam e sonham juntos, na adolescência estão irremediavelmente presos em uma paixão avassaladora. Hindley, o irmão de Catherine, fraco, invejoso do afeto que o pai dedicava a Heathcliff, torna-se seu inimigo. Após a morte do Sr. Earnshaw, Hindley assume o controle da casa e impõe restrições pesadas ao intruso de Liverpool, tornando sua vida dolorosa e humilhante. Heathcliff submete-se a tudo em nome do amor desesperado que sente por Catherine. A jovem identifica-se de corpo e alma com Heathcliff, em seu íntimo ela é Heathcliff. Porém, impressionada pela riqueza de Edgar Linton, rapaz da vizinha Thrushcross Grange, declara à fiel Nelly, empregada da família Earnshaw, que jamais poderia se casar com Heathcliff por ele ser rude e pobre. Escondido atrás de uma porta, Heathcliff ouve a declaração de Catherine e parte, abalado. Na ausência de Heathcliff, Catherine casa-se com Edgar sem amá-lo. Após três anos, Heathcliff volta rico e, ao saber do casamento da inesquecível Catherine, abandonado em uma solidão devastadora, articula uma vingança assustadora que atingirá duas gerações: insinua-se para Isabella, irmã de Edgar, e acaba casando-se com ela. Hindley, beberrão e jogador inveterado, casara e tivera um filho, Hareton. Após ficar viúvo, mergulha cada vez mais em dívidas. Heathcliff volta a viver no Morro dos ventos uivantes e assume o controle de tudo. Agora é a sua vez de vingar-se de Hindley, humilhando Hareton. Após a morte de Hindley, o rapaz é transformado em empregado na própria casa. Isabella tem um filho com Heathcliff, Linton, de saúde débil. Catherine morre ao dar à luz uma filha, que também recebe o nome de Catherine. Inconformado, rancoroso, incapaz de perdoar a mulher que amara, pede a seu espírito que nunca lhe dê paz até que possam se reencontrar. Ainda que a força motriz do romance pareça ser o amor desmedido de Heathcliff por Catherine, seu ódio tem dimensões infinitamente maiores. Heathcliff fica viúvo, dezessete anos se passam e, por intermédio de ardis, ele força Catherine (filha) a se casar com seu filho enfermiço, Linton. Com a morte de Edgar e de Linton, ele se torna dono de Thrushcross Grange. A vingança se completou, mas o atormentado e solitário Heathcliff jamais conseguiu esquecer sua Catherine e é assombrado pela memória da amada. Ele vaga pelas charnecas gritando o nome de Catherine, que ecoa repetido pelo vento. Sua solidão é maldita. O romance termina com a morte de Heathcliff e a perspectiva de redenção no relacionamento que desponta entre os primos Catherine (filha) e Hareton. Todos os principais personagens em *O morro dos ventos uivantes* parecem, de certa forma, compor um arquipélago de solidão: tanto os que vivem em Wuthering Heights, isto é, Heathcliff, Catherine, Hindley, quanto os que habitam Thrushcross Grange, Edgar e Isabella. O contato entre eles ocorre por intermédio de laços disparatados, sem possibilidade alguma de realização afetiva genuína: Catherine e Heathcliff são semelhantes, fortes, passionais, implacáveis; Hindley, Isabella e Edgar, tíbios, inseguros em suas ações. O resultado desses desencontros é a solidão sufocante que acaba envolvendo cada um deles. É de se indagar como uma mulher introspectiva, reticente em público, amando o silêncio e os *moors* (charnecas) de sua terra natal, Haworth, Yorkshire, sem experiência amorosa, conseguiu produzir um romance cujas entrelinhas porejam erotismo latente. As irmãs Brontë, Anne, Charlotte e Emily, porque eram "solteironas" e, portanto, dentro da moral vigente da época, sem filhos, conseguiram explorar seus veios artísticos escrevendo prosa e poesia quase livremente – quase, porque no começo, para publicar uma coletânea de poemas e romances, precisaram se esconder por trás de pseudônimos masculinos: Currer (Charlotte), Ellis (Emily) e Acton Bell (Anne). É de Charlotte o romance de grande sucesso *Jane Eyre*; Anne publicou *Agnes Grey*.

Algumas décadas depois, uma mulher, mesmo com pendores artísticos, literários ou musicais, ainda enfrentava dificuldade enorme para expressar seus talentos em virtude ou da misoginia prevalente, ou da absoluta falta de tempo em razão do trabalho incessante no lar junto aos inúmeros filhos e aos cuidados com o marido. Pode-se dizer que as mulheres continuavam reféns das lidas domésticas. Outro aspecto crucial era a dificuldade de conquistar um espaço só seu para dedicar-se ao estudo, à reflexão, enfim, à solitude criadora. Virginia Woolf confirmaria essa realidade ao afirmar: "A woman must have money and a room of her own if she is to write fiction" [Uma mulher precisa ter dinheiro e um teto todo seu se quiser escrever ficção]. É fato que raramente se pensou em uma mulher como um ser autônomo (como poderia ser, se dependia inteiramente do dinheiro do marido para tudo?), dotada de possíveis anseios intelectuais. Sua realização estava circunscrita às quatro paredes do lar. Sua ambição maior deveria ser suprir as necessidades físicas e emocionais do marido e dos filhos. Ninguém pensaria em perguntar se ela era feliz. Ironicamente, depois, com o passar dos anos, quando os filhos partiam em busca dos próprios interesses, restava-lhe viver dolorosamente a síndrome do ninho vazio e a solidão concreta do silêncio da casa. A juventude escapara pelas janelas dos anos e dera lugar à velhice estéril e isolada sem perspectiva alguma.

Kate Chopin, escritora norte-americana nascida em 1850 em St. Louis, Missouri, teve seis filhos e somente passou a escrever após a morte do marido. Por ser mulher, é importante frisar que sua produção literária ficou esquecida até a década de 1960, quando o movimento feminista tirou do ostracismo escritoras que haviam sido silenciadas nas Letras Norte-Americanas. Além do mais, seus escritos revelam não apenas a esposa, a mãe, mas a mulher-amante. É o caso do conto "A tempestade", em que a personagem feminina, Calixta, casada, se envolve sexualmente com um antigo *beau* (admirador) de nome Alcée Laballière, durante uma tempestade. Também em *O despertar*, a personagem comete adultério e deixa entrever que sabe muito bem o que quer e que seu casamento era absolutamente inexpressivo. No trecho "The voice of the sea is seductive, never ceasing, whispering, clamoring, murmuring, inviting the soul to wander in abysses of solitude" [A voz do mar é sedutora, nunca cessa, um sussurro, um clamor, um murmúrio, um convite a vaguear nas fossas abissais da solitude], constata-se o frêmito sensual de deixar-se arrebatar pelo desejo da solidão eloquente. No conto "A história de uma hora" fica patente que a protagonista, Louise Mallard, se sente liberta (ainda que culpada) ao tomar conhecimento da morte do marido, Brantley Mallard, em um desastre de trem. A princípio, derruba lágrimas sentidas; depois, sozinha, diante da janela aberta, dá-se conta de que, se antes temera os anos que poderiam se alongar à sua frente, subitamente, liberta das obrigações do casamento, da imposição da vontade do marido sobre a sua vontade, deixa-se embalar pela primavera que se anuncia, pela vida que lateja em suas veias e repete baixinho para si própria: "Livre, livre". Sua irmã, temerosa de que a dor da perda do marido pudesse provocar danos ao seu coração frágil, insiste para que Louise abandone o isolamento do quarto onde se trancara. Ao abrir a porta, ela aparece confiante, como se fora a própria deusa Vitória; as duas mulheres começam a descer a escada e, nesse momento, Brantley Mallard entra, sem saber que fora julgado morto. Louise sofre um ataque cardíaco e morre. Segundo os médicos, a alegria da emoção de rever o marido fora fatal. Ironia. A perspectiva de solitude sensualmente antevista e sentida de libertação fora apenas um sonho; o pesadelo da volta inesperada do marido, a realidade chocante. É compreensível que Kate Chopin causasse desconfiança nos leitores do século XIX. Suas concepções de casamento, vida em família, filhos, estavam muito à frente de seu tempo.

Embora repetidas vezes na história a mulher fosse oprimida e reprimida, algumas conseguiram manifestar vontade férrea para vencer os obstáculos de sua condição feminina. Esse é o caso de Charlotte Anna Perkins Gilman, nascida em 1860 em Hartford, Connecticut. Foi escritora, conferencista, editora, socióloga e ativista feminina incansável. Além de produção literária, deixou também obras de não ficção, *Women and Economics* [Mulheres e economia], *The Man-Made World* [O mundo feito pelos homens], para citar algumas. As referidas obras não foram traduzidas para o português. Lutou pelos direitos da mulher sem temor e indiferente à opinião pública tradicionalista. Em sua própria vida, foi exemplo de mulher consciente de seus direitos, de espírito indômito e fraterno em relação às irmãs de gênero. Casou-se duas vezes, teve uma filha, sofreu de depressão pós-parto, com todas as decorrências de seu estado. Submetida à terapia usual da época, isto é, isolamento, regime alimentar saturado de gordura, ausência de exercícios e isolamento social, escreve "O papel de parede amarelo", que é um libelo contra o tratamento imposto a mulheres em tal condição. A personagem (não tem nome na história), casada, tem depressão após o parto, incapacitada de abster-se do tratamento imposto para sua recuperação, uma vez que o próprio marido é seu médico, isolada em um quarto com barras nas janelas, sem possibilidade de contato com o mundo externo, passa a conversar com as figuras que vê no papel de parede. A personagem é oprimida pelo consenso da época e reprimida na manifestação de sua vontade. A fuga para a loucura é a sua maneira de escapar à prisão, à solidão forçada.

Como vemos, graças à literatura, a mulher foi, aos poucos, enfrentando o preconceito vigente, dando voz à sua solidão. A inglesa Virginia Woolf, filha de um historiador e de uma enfermeira que também fora modelo para pintores pré-rafaelitas como Edward Byrne Jones, teve mais sorte em poder expressar sua capacidade de escritora sensível e talentosa. Nasceu em um lar economicamente estável e seus pais eram bem relacionados em termos sociais e artísticos. Como era comum na Inglaterra, os filhos homens receberam educação universitária, as filhas foram educadas em casa e, em virtude da mente aberta dos pais, puderam ler intensamente livros que despertaram sua curiosidade e motivaram o aprendizado. Virginia teve de conviver com sequelas emocionais de abuso sexual que sofreu por parte de dois meios-irmãos no início da adolescência, e isso a marcou para o resto da vida. Emocionalmente delicada, teve depressão com a morte precoce da mãe e de uma irmã muito querida. Considerava a solidão condição fundamental para a produção literária. São suas as palavras tiradas de seu diário escrito na casa que ela e o marido haviam comprado em Sussex: "Com frequência aqui, entro em um santuário [...] de grande agonia, pelo menos uma vez; e sempre de algum terror; tal é o medo sentido na solidão; o [medo] de enxergar o fundo do poço. Essa é uma das experiências que tive aqui em alguns meses de agosto; tive então a consciência daquilo que chamo de 'realidade': algo com que me deparo: algo abstrato; mas vivendo aqui embaixo ou no céu; ao lado do qual nada importa; algo no qual eu deverei descansar e continuar a existir. Eu chamo isso de realidade. E imagino, às vezes, que isso é a coisa mais necessária para mim, aquilo que busco". A solidão de Virginia Woolf era mais uma solidão interior, e não física, dolorosa, às vezes, mas extraordinariamente frutífera. Infelizmente, a depressão constante acabou por levá-la ao suicídio. Marcou indelevelmente a literatura inglesa. Seu romance *Orlando: uma biografia* é a história do aristocrata Orlando percorrendo mais de trezentos anos de aventuras iniciadas na época da rainha Elizabeth I e terminando em 1928. Orlando é um personagem solitário, ainda que constantemente se veja enredado em relações apaixonadas que parecem afastá-lo de seus propósitos literários: escrever o poema "O carvalho". Desiludido pelo amor frustrado que dedicava a uma nobre russa, embarca rumo a Constantinopla em missão diplomática, durante o declínio do Império Otomano. É bem-sucedido em suas embaixadas, vive novos romances arrebatadores, até que lá, naquele cadinho de raças, religiões e culturas diferentes, de repente, após dias e dias de sono contínuo, acorda transmutado em mulher. Aceita seu novo corpo de forma natural e, levado pela busca de aventuras, sua característica marcante, junta-se a um grupo de romani* que aceita a sua mudança de gênero. Consciente das diferenças que separam ela, inglesa, dos errantes romani, premida pela saudade da terra natal, volta à Inglaterra, envolve-se em novos romances, decepciona-se através das idades, mas sempre tentando terminar a escrita de seu poema inacabado. Orlando, em sua solidão, percebe que, embora tenha mudado de sexo, continua o mesmo ser internamente, ser este que é composto de vários *selfs*; as experiências vividas como homem no passado e como mulher nos séculos XIX e XX dão-lhe uma sensação de completude, de compreensão alargada do gênero humano; a mudança de sexo é fator irrelevante, o que está em jogo é a expressão do eu na existência. Várias vezes, mergulha em torpor inconsciente. Dada à sua nova condição feminina, sente na pele a inibição, a insegurança para mostrar seu poema para uma avaliação crítica, mas percebe rapidamente o poder que como mulher exerce sobre os homens. Interessante observar que não importa que o personagem seja ele ou ela, a época que esteja vivendo, o local, sua companhia frequente é a solidão, imprescindível para sua autoavaliação e criação. O narrador-biógrafo afirma: "Orlando naturally loved solitary places, vast views, and to feel himself for ever and ever alone" [Orlando naturalmente amava lugares solitários, paisagens amplas e sentir-se para sempre

---

* Romani é o termo usado para designar os ciganos, povo nômade de origem asiática, que se espalhou pelo mundo. [N.E.]

sozinho]. Há também a ironia por parte do narrador-biógrafo ao comentar sobre o novo estado de Orlando, agora como mulher: "When we are writing the life of a woman, we may, it is agreed, waive our demand for action, and substitute love instead. Love, the poet said, is woman's whole existence" [Ao escrever sobre a vida de uma mulher, é provável, segundo consenso, que tenhamos de abrir mão da possibilidade de exigência de ação e substituí-la por amor. O amor, diz o poeta, é toda a existência da mulher]. Ora, Orlando mulher deixa-se levar pelo espírito da época em que está vivendo. Há um momento em que sente a necessidade de encontrar um marido, e este praticamente cai aos seus pés. Há a constatação paradoxal de que ambos se perguntam se o outro é de fato o seu gênero.

Assim como Virginia Woolf, em dado momento do seu romance *Orlando: uma biografia*, escreve sobre a solidão do homem, o norte-americano William Faulkner, nascido no "Deep South", sul dos Estados Unidos, isto é, Mississippi, ganhador de vários prêmios literários, inclusive o Nobel de Literatura em 1949, escreveu sobre a solidão extrema da mulher em um conto intitulado "A Rose for Emily" [Uma rosa para Emily, 1930, sem tradução em português]. A história gira em torno de Emily Grierson, mulher aristocrata da tradição sulista. Ela e a família são quase um mito para os habitantes da cidade. Impedida de casar-se, pois o pai não achara pretendente algum à altura da filha, praticamente reclusa após a morte dele, tendo por companhia apenas um empregado negro muito fiel, vê sua vida isolada mudar após conhecer um forasteiro do norte, aventureiro que quer apenas divertir-se com a solitária mulher. Criticada severamente pelos guardiães de sua moral, indiferentes à sua solidão brutal, forçada a mandar embora o amante e a receber a visita de primas para salvaguardar os bons costumes, parece aceitar o controle da cidade sobre sua vida amorosa. Depois de um tempo, serenados os bisbilhoteiros, as parentes partem. Determinada, recebe de volta o amante, que é visto, pela última vez, entrar na casa para nunca mais sair. Logo depois, Emily compra na farmácia local, à revelia do vendedor, arsênico (única pista para a ocorrência de algo sinistro). Anos se passam, Emily finalmente morre, quando então se descobre a verdade grotesca e lúgubre: Emily passara décadas com o cadáver, depois transformado em esqueleto, do aventureiro do norte, em sua cama. A solidão primeiro imposta pelo pai e depois autoimposta enlouqueceu Emily. Para horror de todos, a sua necrofilia tornou-se evidente. Com medo de perder o amante, devastada pelo medo da solidão decorrente, preferira assassiná-lo e conviver a vida toda com seus restos. Macabro ao extremo...

"Sim, minha força está na solidão. Não tenho medo nem de chuvas tempestivas, nem de grandes ventanias soltas, pois eu também sou o escuro da noite." A autora do depoimento é Chaya Pinkhasovna, a nossa Clarice Lispector. Versátil em seus conhecimentos, estudou línguas (francês, hebraico, inglês, iídiche), antropologia e formou-se em direito. Muito nova, publicou seu primeiro romance, *Perto do coração selvagem*. Abraçou o jornalismo com ardor, tendo trabalhado no *Correio da Manhã*, no *Diário da Noite* e na *Agência Nacional*. Brilhou com uma escrita intimista, permeada de fluxos de consciência e profunda introspecção. É compreensível que "sua força estivesse na solidão" para produzir intensamente obras que dialogam com as angústias e os conflitos existenciais: seus livros leem o leitor de forma visceral, provocando verdadeira epifania (palavra tão apreciada por ela!) do ser. De perto, todo coração é selvagem.

O romance *A paixão segundo G.H.* é a trajetória de uma mulher madura, solitária, escultora nas horas livres, sem problemas financeiros, que parece entorpecida para a realidade, até que um fato aparentemente banal, a decisão de arrumar o quarto da empregada que se demitira, deflagra um processo de autoanálise visceral. A empregada, que como acontece em geral é "invisível" para sua patroa, uma desconhecida, apesar de ter convivido com ela por seis meses, causa-lhe certa irritação ao deixar registrado numa das paredes do quarto modesto o desenho em preto de um homem e uma mulher nus juntamente com um animal. Provocada, imaginando ser o desenho um julgamento de sua pessoa, ao abrir um armário depara-se, para seu horror, com uma barata. Tomada de asco indescritível, mata o inseto, porém, atingida nas profundezas de seu ser, decide comer a barata com as vísceras à mostra. A descrição do líquido branco que escapa do corpo partido do inseto é repugnante, mas para a personagem é comparado ao leite materno e é um desafio à sua iniciação, à travessia que terá que fazer para levar a cabo o rito de passagem. Talvez, como artista, a massa líquida, vida escorrendo para dentro de si, vá esculpindo o nome buscado. Ao comer a barata, parece comer a si própria, verdadeira autofagia, para uma renovação de seu ser. Nesse exato momento, ocorre a epifania, há todo um simbolismo sagrado da revelação do eu. G.H., sem um nome por extenso para identificá-la até então, provavelmente as iniciais representando o gênero humano, portanto qualquer um, assume-se, passa a ser; a morte do inseto suscita sua paixão, seu sacrifício. Algo mudou radicalmente, na solitude desvelada tem a consciência da transformação ocorrida, agora ela É. Morreu o ser anterior para possibilitar o nascimento do novo.

Dezenas e dezenas de vidas solitárias estão nas páginas da literatura. Isolamentos conscientes, impostos, vingativos, reflexivos, produtivos, enlouquecedores, desafiadores e todas as possibilidades que você conseguir imaginar. Selecionei alguns exemplos, outros, importantes, ficaram de fora. O desafio foi retratar histórias e retratos de personagens que pudessem mostrar como é fascinante conjugar a sua solidão com a criatividade dos autores. Cada descrição aqui contida pode trazer uma luz, pensando que, talvez, sua dor não seja tão forte ou que possa ser sublimada, denegada, transformada ou aceita por outro ângulo. Há personagens para fugir ou imitar: todos são didáticos para iluminar nossas ambiguidades. E, mesmo que a loucura de Ahab ou a consciência angustiada de G.H. não toque sua alma, resta sempre o prazer de ter deixado a solidão por algumas horas ao ler textos escritos de forma engenhosa e com ideias que tenham capacidade de dançar uma valsa com as suas concepções.

CAPÍTULO 4

O Deus da solidão

Gosto muito de museus. Por vezes, vou com amigos ou alunos e sempre me entretenho. Todavia, é o hábito solitário de percorrer galerias, ficando horas diante de obras que chamam minha atenção, o que realmente me motiva nessas visitas. Em certas ocasiões no Masp, me vi diante de uma pintura de Bosch sobre as tentações de Santo Antão. A cena em óleo sobre madeira é de uma beleza terrível. Foi feita pelo mestre muito provavelmente como um estudo ou versão anterior da cena central de um tríptico sobre o eremita que está em Lisboa. Mais de quinhentos anos atrás, Bosch imaginou a solidão de Antão em seu momento mais impactante.

 Antão teria vivido no Egito, um importante centro do Cristianismo primitivo, no século III. Querendo contemplar as verdades de sua religião, decidiu retirar-se por completo da vida em sociedade e escolheu viver só, no ermo. Segundo a *Legenda áurea*, um texto medieval que certamente o pintor holandês leu ou com o qual teve contato, Antão tinha por volta de 20 anos quando abandonou o "século", ou seja, sua vida mundana, e se retirou ao deserto. Livrou-se de todos os seus bens, doando-os aos pobres. Passaria boa parte de seus dias, dali em diante, ajudando outros religiosos, rezando, lendo o texto sagrado, meditando e combatendo demônios e tentações. Superou o desejo de fornicação e viu o seu diabo, que se apresentou na forma de um menino negro, confessando-se vencido pelo santo. Recusou prata e ouro em abundância, também ofertas generosas, mas inúteis, de demônios que queriam sua alma. Outros asseclas infernais ofereciam-lhe comida, impediam que anjos lhe carregassem pelos céus e nublavam suas visões. Antão enfrentou a todos. Teve o corpo surrado com violência, quando os demônios lhe apareceram sob a forma de diferentes feras, que dilaceraram seu corpo a dentadas, chifradas e unhadas. O próprio Cristo o salvou com uma "claridade admirável" que pôs em fuga todo o mal que o afligia, curando instantaneamente suas feridas. Perguntando a Cristo por que não o acudira antes e onde estava o Salvador enquanto era ferido daquela forma, ouviu: "Eu estava aqui, mas ficava vendo-o combater. Como você lutou com vigor, tornarei seu nome célebre em todo o universo".

Bosch pintou *As tentações de Santo Antão* várias vezes, sendo a de Lisboa e a do Masp as mais aclamadas, embora haja uma lindíssima no Museu do Prado. Em todas elas, esse pintor de quem sabemos tão pouco imaginou a solidão de Antão de forma atormentadora: em todas elas, o santo está rodeado de demônios em formas de animais híbridos, monstruosos, que lhe tentam. Em Madrid, ele está sozinho, dentro de um tronco de árvore, com os olhos contemplando os céus, a Bíblia num saco junto de seus óculos amarrada à cintura. Bosch pinta seres diabólicos saindo da água, ao lado do eremita, atrás da árvore, tentando apagar a chama simbólica do fervor de sua fé. Um homem solitário, segundos antes de ser atormentado pelas bestas-feras que dominam tudo à sua volta.

Nas cenas de São Paulo e Portugal, o santo está de joelhos, em roupa monacal, no centro da imagem. Vira o rosto para longe de uma mulher que lhe mostra um prato de prata. O vestido dessa aparentemente gentil senhora alonga-se numa cauda vermelha. Os diabos tangem alaúdes, dedilham harpas. Trazem comida. Outros apenas espreitam e parecem conversar entre si. Estão no lago abaixo do santo, voam nos céus acima dele. Ao fundo, aldeias queimam um incêndio impossível de se combater.

Michel Foucault, em seu estudo sobre a loucura, escreveu que o Antão de Bosch tem a sabedoria dos ensandecidos, algo de que os homens racionais carecem. Ao despir-se das convenções mundanas e retirar-se ao ermo para viver solitariamente, o santo vê aquilo que não é permitido a outros. Essas revelações mostrariam os andaimes do mundo, o interior das coisas como elas realmente são. Nós, "os sãos", veríamos apenas a superfície delas. Essa era a crença do início da Modernidade. Aos loucos, em sua parvoíce, tudo era permitido, havendo outra forma de lidar com a verdade que não a racional, mais limitada. Nas cenas das *As tentações de Santo Antão*, a solidão, a penitência, as privações atraem demônios, e todo um mundo aterrador se descortina. Jaz aí o fascínio maior da cena: o santo não vira, simplesmente, o rosto para a tentação ou fecha os olhos, rezando para que desapareça. Como no texto da *Legenda áurea*, ele enfrenta os demônios. Na sensibilidade medieval, o combate era físico. No início da Idade Moderna, Bosch não retrata uma luta corpórea, mas um estar no mundo, uma fascinação por ver o pecado e não participar dele. Em *Pecar e perdoar*, falei da leitura de Flaubert sobre essa sensação e de como o orgulho se esgueira sorrateiro na alma do santo.

No Masp, talvez seja minha imaginação solitária, mas é possível ver um leve esgar em Antão. Foucault enxergou o mesmo leve e frágil sorriso em Lisboa. Em meio ao que parece um pesadelo, o santo de Bosch permanece acordado, quase feliz. A tentação vira uma espécie de desejo, uma loucura que dá poder ao eremita, pois o impossível aos reles mortais, o fantástico e o sobrenatural que são revelados ao santo, atrai os olhos do venerável, dá-lhe um estranho mas compreensível prazer. Sozinho em um deserto densamente povoado, Antão é livre. Livre das tentações à sua volta. Venceu-as. A liberdade pode parecer apavorante, pois abre as celas de sonhos e fantasmas, os mais insanos e ocultos do ser humano. Para alguém do século XV ou XVI, porém, esses poderes atraíam muito.

Por que viver no deserto? Por que não simplesmente buscar a Deus em um lugar mais aprazível? Se a ideia era ficar sozinho para rezar e meditar, Antão poderia ter escolhido ficar embaixo de uma árvore, como Sidarta o fez (e Bosch chegou a projetar). Se a ideia era resistir às tentações para se deliciar com o fato de vencê-las, não bastaria visitar o babilônico centro de uma metrópole qualquer? Para tentar responder a essas questões, precisamos pensar no que a ideia de deserto simbolizava na tradição judaico-cristã. O deserto e sua possível solidão estão muito além de Bosch e Antão. A solidão que Deus urge de seus seguidores é anterior e formou o imaginário de ambos os personagens, ainda que de maneiras distintas.

Em primeiro lugar, o óbvio. Paisagens desérticas contrastam com a abundância das margens dos rios no chamado Crescente Fértil, região na qual a presença humana é antiquíssima e que se espraia desde a foz do Nilo, no Egito, até a Mesopotâmia, passando pelo Jordão. Nesse jogo de polos entre a cornucópia criada pelas águas e seus regimes de cheia, e o agreste violento e quase sem vida dos desertos que estão por todos os lados entre o norte da África e o Oriente Médio, é possível ler uma clara representação do vício e da virtude. Por um lado, prega a tradição rabínica, estar próximo de Deus traz virtude e fartura. Por outro, afastar-se dele traz seca e privação. Basta ler um profeta do Velho Testamento, e teremos exemplo deste ciclo: Deus provê muito aos seus filhos mais fiéis; estes param de adorar a fonte e passam a idolatrar o veio da água em si; ao amarem o supérfluo, o mundano, afastam-se de Deus, que, por fim, pune as pessoas retirando-lhes alimentos, colheitas, filhos, atirando-lhes em cativeiros, permitindo invasões e o que mais for necessário para que vejam sua apostasia e se arrependam dela. Temendo o Senhor, voltam ao seu seio, e as bênçãos divinas voltam a cobri-los. Esse é o ciclo que anunciam as profecias.

Nessa lógica, o deserto simbolizaria o afastamento de Deus. Volto à pergunta: Por que Antão foi buscá-Lo no deserto? Será que buscava realmente a presença divina? Afastar-se de Deus e criar um deserto na alma é apenas um dos muitos significados do ermo. Uma solidão sem Deus é algo que não se deseja na tradição. Mas a Bíblia é plena de outros sentidos para os mesmos desertos. Vamos pensar sobre alguns deles. Ainda na tradição veterotestamentária, podemos perceber que o deserto é também um lugar de escuta. Em meio ao Sinai, Deus falou a Moisés, fez seu povo eleito peregrinar e deu-lhes a "Lei", os Dez Mandamentos. No árido, Israel congregou a todos no tabernáculo, local de habitação do próprio Deus entre seu povo. Guiados pela vontade divina, seus filhos mais diletos foram ao deserto. Lá, foram despidos de tudo e todos, apenas para ouvirem Suas vontades e mandatos. O profeta Oseias resumiu isso quando escreveu: "Eis que eu a atrairei, e a levarei para o deserto, e lhe falarei ao coração", quando admoesta um fiel falando de sua mãe prostituta (Os 2,14).

Para um povo nômade, combatido e escravizado tantas vezes, o deserto também pode ser lido como local de libertação. No mesmo livro do Êxodo, o povo libertado do Egito chega a reclamar: Será que fomos libertados para morrer no deserto? Depois, reconhecem a libertação e comemoram aquela jornada. Tornaram-se verdadeiramente livres no deserto. Outro profeta, Jeremias, retomará esse sentido quando assevera: "Assim diz o Senhor: O povo que se livrou da espada, logrou graça no deserto" (Jr 31,2).

Esse é um dos sentidos da solidão do eremita religioso cristão: libertar-se. Em meio às provações que o deserto impõe, os fortes e resolutos na fé crescem. A lógica bíblica, nesse ponto, é simples e lembra a da clara em neve: para crescer e ficar firme e consistente, pronta para o uso, é preciso bater as claras do ovo até que se transformem. Não existe fé sem teste dessa mesma fé. Crer quando se tem tudo é fácil. Logo, é desprovido de tudo que se deve crer. Lembram do episódio de Jó? Enquanto tinha tudo e adorava a Deus, o Diabo dizia que era justamente por ter tudo que era fiel. Deus foi lhe tirando saúde, riqueza, família e, ainda assim, Jó creu. Acreditou mesmo diante de um deserto em sua vida.

Nesse sentido, vemos o deserto metafórico como um sinal de crescimento na fé. Mas o deserto real também cumpria esse papel. João Batista, o primo de Jesus que o antecedeu no batismo, segundo o Evangelho de Lucas, viveu, cresceu e se fortaleceu em espírito nos desertos, "até o dia em que havia de se manifestar-se a Israel" (Lc 1,80). O santo se alimentava frugalmente de insetos e castanhas. Nutria-se mais do Espírito, ecoando uma célebre passagem do Deuteronômio que vale narrar porque ela voltará a aparecer por aqui. Nas muitas tribulações que os judeus passaram na travessia do Sinai, Deus deixou que tivessem fome, mas também proveu maná, um alimento miraculoso que aparecia quando evaporava o orvalho da manhã e que, quando cozido, podia render bolos com sabor de mel. Nessa alternância entre privação e provimento, o texto diz que tudo foi feito para que entendessem que "nem só de pão viverá o homem, mas de tudo o que procede da boca do Senhor" (Dt 8,3). Entender as coisas do Espírito é nutrir a alma, prepará-la para a Salvação, diz a interpretação cristã dessas passagens. Logo, o deserto, como provação, significa a possiblidade real de nos tornarmos clara em neve, sairmos do estado inicial do ovo, crescermos e nos tornarmos mais fortes. Esse sentido de crescimento pressupõe entender o deserto, então, como uma etapa de preparação, na qual o Senhor endireitará nossas veredas (Lc 3,4).

Jacopo de Varazze autor da *Legenda áurea*, ao retratar a vida de um santo bem menos conhecido na atualidade, Arsênio, ponderou que a multidão impede alguém de ver seus próprios pecados, enquanto aqueles que vivem na solidão podem vê-los com mais facilidade. Ver os próprios defeitos com exatidão, tomar ciência de cada problema que temos, seria o primeiro passo para erradicá-los. Os seres humanos não são perfeitos, mas são perfectíveis. A busca pela melhora de si começa com a solidão do deserto no raciocínio religioso. Tanto era assim que, no latim medieval, *desertum* não era apenas o designativo de uma área inóspita; também era sinônimo de solidão, de retiro espiritual, da procura por Deus e de combate às forças do maléfico. Segundo o medievalista Jacques Le Goff, o deserto da Idade Média poderia ocorrer em quaisquer condições geográficas, pois era metáfora. Um mar, uma ilha, uma floresta, um pico de montanha: qualquer lugar de isolamento podia ser descrito com a palavra *desertum*.

Essa leitura da solidão como elemento necessário ao crescimento e à nutrição do espírito, como abnegação do corpo, tem muita base no Antigo Testamento, mas encontra em Jesus a sua essência. No Evangelho de Mateus, há uma passagem extremamente conhecida na qual o próprio Cristo se isola logo após seu batismo. O Nazareno quer se preparar para seu ministério, antecipando seus sofrimentos e ponderando seu maciço dever. Para isso, diz o texto bíblico, foi conduzido pelo Espírito ao deserto e lá permaneceu por quarenta dias, numa referência aos quarenta anos que o povo escolhido perambulou no Sinai antes de atingir a Terra Prometida. Jesus, com sua passagem pela Terra, sua morte e ressurreição, traria acesso a todos a esse novo reino (que não é deste mundo) da Salvação. Depois de jejuar por todo esse tempo, sentiu-se fraco e teve fome. Jesus era um forte. A maioria de nós costuma dizer que está morrendo de fome com apenas algumas horas sem comer. Nesse momento de baixa, o Tentador apareceu e ofereceu uma chance de matar aquela necessidade física: "Se tu és Filho de Deus, manda que estas pedras se tornem em pães". A primeira tentação está intimamente ligada ao corpo e suas necessidades básicas. Diz respeito à concupiscência da carne. Comer e beber, na tradição católica dos pecados capitais, são apenas indício de todos os tipos de desejos (logo vícios) físicos.

Viesse uma oferta de vinho, água, embutidos e queijos, e hedonistas contemporâneos teriam abraçado pedras, pedregulhos e rochas. Cerveja gelada, um refrigerante ou um *milk-shake* convenceriam outros tantos. Sabendo que Jesus era frugal, o Diabo sugeriu pão. A tentação do próprio Jesus é um dos episódios mais interessante sobre o papel demoníaco no Novo Testamento. Está sempre à espreita, possui pessoas, animais, ameaça tomar o mundo. Sua ousadia não encontra paralelo, porém, como diante dessa passagem de Jesus no deserto.

O que esperava o demônio ao tentar o Filho do Homem? Encurtar uma história que ele sabe que perderá? Como enredo contemporâneo, a Bíblia tem *spoilers*. Nem sempre há tensão narrativa, pois sabemos que o bem triunfa sobre o mal depois de milhares de anos que começam com uma peleja no céu e terminam com a ascensão da Segunda Jerusalém.

Pois o Diabo leva uma invertida do solitário Jesus, que reafirma a passagem do Deuteronômio: "Está escrito: nem só de pão viverá o homem, mas de toda palavra que sai da boca de Deus". Se o demônio começa a primeira tentação com uma partícula condicional, colocando em suspeição a natureza do Salvador dos cristãos, a resposta de Jesus é taxativa: está escrito. "Verba volant scripta manent", diz o adágio latino. "As palavras voam ao vento", como na música de Bob Dylan, mas a escrita permanece, desafiando os tempos e as eventuais falhas de memória. O Diabo tratou Jesus como fazemos quando queremos que pessoas inseguras em busca de afirmação façam coisas por nós. Vejamos a situação concreta. Estou com um grupo de amigos que, todos os fins de semana, se reúnem em um estádio de futebol para ver nosso time jogar. Hoje, um colega novo no grupo veio conosco. É sua terceira vez num grupo que já tem intimidade há tempos. Ele está inseguro, sedento por se sentir parte da matilha, mas ainda não está plenamente integrado, não conhece as brincadeiras e as músicas que entoamos. Logo após nosso time tomar um gol, fruto de um pênalti inventado pelo árbitro, desejo muito caluniar a família do homem com o apito. Acontece que o juiz em questão também é meu chefe.

Cidade pequena, futebol de várzea. Dizer o que gostaria podia me render mais dores de cabeça. Mas creio firmemente que ele precisa ouvir desaforos para que eu fique com a alma lavada. Ao meu lado, está o novato inseguro, ávido por se sentir parte do grupo. Nesse momento, faço como o Diabo no deserto: "Se você é realmente um de nós, se é corajoso, xingue o juiz, pois é isso que todos nós fazemos! Você tem, agora, o poder de fazê-lo". Percebendo sua chance diante do sorriso do grupo, o incauto grita impropérios a plenos pulmões. Sucumbiu à tentação, e eu, como o demônio, posso sorrir: alcancei meu intento sem precisar sujar as mãos ou abrir a boca. Não cometi o erro, minha vitória se deu porque induzi o erro.

Sendo mais direto, esse é o poder da sugestão. Nosso cérebro é sugestionável, e isso é explorado das mais diversas formas por tentações mais contemporâneas. Publicações intercalam anúncios a matérias de seu interesse. Por vezes, fundem jornalismo e publicidade. Folheando (alguém ainda faz isso?) uma revista ou jornal, o leitor se depara com uma propaganda de certo alimento. Com fome, seu cérebro pode acionar o desejo por consumir o que se anuncia. Mesmo sem fome, isso funciona. Mesmo as matérias que não trazem publicidade, mas que criam diálogos que se autorreforçam, podem criar uma sugestão na mente do leitor incauto. Em publicações com linhas editoriais claras, de tanto lermos que um evento é benéfico, tendemos a concordar se já estamos predispostos a isso. Na linha oposta, leitores com outras predisposições encontrarão outras formas de reforço em outros veículos de mídia. O mesmo para programas de TV, internet e redes sociais. Estas últimas, na verdade, têm seu inteiro funcionamento baseado na estratégia demoníaca que combina desejo/predisposição, oferta e reforço positivo. Você quer, tome um e mais um; volte, pois sempre haverá mais do que você gosta, dizem os algoritmos que programam nossas leituras e visualizações.

Essa espécie de hipnose também pode ser induzida por nós mesmos. A medicina e a indústria farmacêutica estão cientes do chamado efeito placebo há décadas: muitas pessoas relatam melhoras em testes de medicamentos novos ainda que tomem "pílulas de farinha", ou seja, sem princípio ativo algum. Melhoram porque acreditam que vão melhorar. Em artigo controverso publicado em 1998, Irving Kirsch e Guy Sapirstein compararam os reais resultados de melhora em quadros de depressão clinicamente comprovada diante do uso de medicamentos antidepressivos, como o popular Prozac. Os resultados foram impressionantes: cerca de 75% dos pacientes que relataram melhoras consideráveis, na verdade, tinham apenas consumido placebo. Foram além e afirmaram que os 25% restantes, que consumiram o princípio ativo e relataram melhora, constituem um grupo de eficácia relativa, pois quanto de sua melhora poderia ser realmente atribuída à droga ou ao efeito placebo? Em 2002, Kirsch e colegas publicaram novos resultados, mas agora usando dados oficiais do FDA, órgão oficial norte-americano para o acompanhamento do desenvolvimento de medicamentos e alimentos. As novas conclusões não eram tão estarrecedoras quanto o estudo de 1998, mas, ainda assim, verificaram que existia apenas 18% a mais de vantagem no número de pessoas que melhoraram da depressão tomando antidepressivos reais sobre aquelas que consumiram placebo. Muito pouco. Nosso poder de autossugestão é imenso. Consultórios de psicólogos e psiquiatras comprovariam meu argumento com muitos casos. Mágicos e paranormais fazem da sugestão um meio de vida. O demônio tentou a estratégia da sugestão, mas falhou com Jesus.

O tinhoso não se deu por vencido e levou Jesus à Jerusalém, colocando-o sobre o pináculo do templo. Disse-lhe, então: "Se tu és Filho de Deus, lança-te daqui abaixo; porque está escrito: Aos seus anjos dará ordens a teu respeito; e: eles te susterão nas mãos, para que nunca tropeces em alguma pedra" (Lc 4,9-11 e Mt 4,6). Reparem que ele insistiu na estratégia. Você não é O cara, Jesus? Os anjos não farão tudo porque você é o Deus feito carne? Então, pula! O texto bíblico quer que conheçamos a firmeza do propósito de Jesus, confirmando que ele é o Messias. O Diabo simboliza a areia movediça, o instável, o mutável, a ocasião (que faz o ladrão). Jesus é sua antítese: o sólido, o escrito, o imperturbável, a essência que, mesmo diante de quaisquer circunstâncias, não se modifica. Por isso, claro, ele responde como o fizera antes: "Também está escrito: Não tentarás o Senhor teu Deus". (Lc 4,12 e Mt 4,7) Essa segunda tentativa demoníaca também mexia com outro pecado basilar, a soberba, e, ironicamente, Satanás usou uma passagem do Salmo 91 contra ele mesmo. Ele queria mostrar que sabia manipular o mesmo código tão caro a Cristo.

A obsessão bíblica com o número 3 se confirma, e vemos o Diabo tentar o Ungido uma terceira vez. Levou-o a um monte altíssimo e, de lá, disse, contemplando todos os reinos do mundo: "Tudo isto te darei, se, prostrado, me adorares". O demônio queria o que sempre quis, sujeito previsível que é na sua ausência de livre-arbítrio: ser califa no lugar do califa, mal parafraseando o quadrinho *Iznogoud*, de René Goscinny e Jean Tabary. Desbancar Deus e ser o supremo mandatário de tudo e todos. Se Jesus ficasse de joelhos, para que o Anticristo, as batalhas apocalípticas, os cavaleiros e as trombetas? Ele ganharia a guerra contra Deus sem derramar sangue, com um blefe, com uma tentação. Jesus, como previsto, respondeu citando as Escrituras uma vez mais: "Vai-te, Satanás; porque está escrito: Ao Senhor teu Deus adorarás, e só a ele servirás". Seu opositor retirou-se, e anjos vieram servir Jesus. Lucas tem uma frase final menos arrematadora e dá a entender que Satanás teria apenas deixado de importunar Cristo "até ocasião oportuna", deixando-nos crer que houve outros encontros entre os dois. Se houve, o texto não nos revela.

A terceira e última tentação de Cristo era a de natureza mais profunda, pois mexia com desejos e temores escondidos em meandros muito humanos de Jesus. Se ele fosse inteiramente Deus, sem nada de humano, como saber da agonia da morte, do pavor de sofrer, do desejo por prazer e alegria na vida? Ver a possibilidade de se livrar da cruz e viver como rei, diante de reinos oferecidos de mão beijada, ou melhor, diante de uma simples genuflexão... realmente tentador! Mais uma vez uma concupiscência, dessa vez a dos olhos, da alma. Explorando essa faceta, que Jesus revela em seus momentos de solidão, vemos o Deus e o homem ao mesmo tempo. Sua resposta é de uma humanidade ímpar. A oferta do Diabo foi quase certeira, não fosse o homem em questão estar submetido ao seu papel de redentor. Em seu íntimo, podemos ousar pensar, tremeu, por isso a resposta ríspida, como se não quisesse mais ouvir: "Retire-se, Satanás!". Quase dizendo: "Vá embora antes que eu considere a oferta". Linda passagem em que vemos o humano em Deus, na sua solidão e nos demônios que ela traz consigo.

Fato é que, na solidão do deserto, Jesus foi tentado e saiu vitorioso. Esse seria o modelo para os ermitãos, como Antão. Enfrentar o demônio e vencê-lo ou bater-se com seus próprios demônios em meio ao retiro desértico. Nesse último sentido, seria como ficarmos completamente nus, com boa luz, bem próximos de um espelho. É melhor fazermos isso sozinhos. De perto, ninguém é normal, e nossas imperfeições saltariam à vista. Podemos ignorar nossas falhas ou nos horrorizar com elas, tanto faz. O ascetismo cristão eremita diz que o deserto funciona para o solitário como o espelho em que nos desnudamos. Não à toa, na versão que Dali pintou, Santo Antão aparece desnudo, combatendo demônios e tentações em formas paquidérmicas e equinas. O deserto, a nudez da alma e a fortaleza de Cristo, simbolizada pelo crucifixo nas mãos do santo, compõem a virtude da cena feita pelo espanhol já no século XX. O deserto da solidão é inequivocamente um lugar de provação. Jesus (e Antão depois dele) preferiu nutrir-se das Escrituras: "Resista ao inimigo e ele fugirá de vós", cravou o apóstolo Tiago em carta.

Abandonemos o deserto cristão para acompanharmos Jesus em outro momento de solidão e de intensa humanidade. O que se passava na cabeça do Messias na quarta-feira da Semana Santa? Havia experimentado a maior glória da sua vida no domingo anterior, quando fora saudado com hosanas ao entrar na sagrada e tumultuada Jerusalém. As portas da cidade se abriram de par em par. Mantos foram estendidos no chão, ramos de oliveira, agitados em frenesi. Foi o apogeu de uma carreira de três anos. Ele conhecia a cidade há muito tempo. Perdeu-se nela aos 12 anos. Jerusalém, a dourada, com o templo refeito por Herodes, o Grande, deveria impressionar um homem nascido em Belém e criado na pacata Nazaré.

Jesus amava a Cidade Santa. Em Lucas (19,41-44), lemos que ele chorou ao ver a capital e antecipar sua destruição. Era uma paixão de verdade: sua maior crise de fúria tinha sido expulsar vendilhões do espaço sagrado. O gesto indicava seu zelo afetivo pelo lugar. Ninguém reconheceria o dócil pregador do Sermão da Montanha virando mesas e gritando. Talvez os íntimos conseguissem vislumbrar além: a cena impactante nascia do amor do Filho pela casa do Pai.

Quarta-feira, mês de Nisã no calendário judaico, primavera na cidade dourada. Dias mais frescos, céu azul, a temperatura mais amena de uma urbe alta. Como supomos que ele tinha capacidade de saber o que estava à frente, deveria existir um pouco de melancolia em relembrar que alguns dos que o saudaram no Domingo de Ramos estariam entre os que gritariam "Barrabás" mais tarde, na mesma semana. As mesmas bocas do "hosana" berrariam "crucifica-o".

Era a semana de Pessach, da celebração judaica que lembrava a libertação da escravidão do Egito. Haveria uma ceia com os amigos. Isso ocorreria no dia seguinte ao que estamos imaginando: na Quinta-Feira Santa no calendário católico, Quinta de Endoenças na tradição portuguesa.

No fim do século XV, Leonardo da Vinci canonizou a Santa Ceia como um ambiente centralizado, com 13 homens, sem empregados nem mulheres (afresco no Convento de Santa Maria delle Grazie, Milão). Jesus anuncia que alguém vai traí-lo. O afresco mostra o espanto geral. Judas segura um saco de moedas e derruba sal, sinal de azar. Cem anos mais tarde, Tintoretto ampliou a cena no quadro *A Última Ceia* (Basílica de San Giorgio Maggiore, Veneza). Há funcionários, cachorros, anjos, louça sendo lavada. Passamos do mundo ordenado de Leonardo para uma *rave*.

Na Última Ceia, Jesus diz algo comovente: "Desejei ardentemente comer esta ceia pascal antes de padecer" (Lc 22,15). É uma frase muito humana de compartilhar mesa e afeto com quem se ama antes do fim. Aqueles eram os 12 homens que o acompanhavam havia anos. Alguns tinham gênio complexo. Tiago e João eram chamados de "filhos do trovão" pelo temperamento. Pedro era decidido e líder, mas negaria três vezes o Mestre na madrugada seguinte. Até mesmo Judas estava ali. Talvez o Mestre tivesse uma dor dupla com seu tesoureiro: sabia que ele o trairia, mas também sabia que ele cometeria suicídio, o grande tabu judaico. Qual das dores mais incomodava ao Nazareno? Ser traído pelo discípulo-amigo ou perceber que Judas se condenava à danação? Era uma noite de emoções intensas. Os Evangelhos nunca narram Jesus sorrindo, mas descrevem inúmeros momentos do Messias chorando.

Uma das virtudes de Jesus era a capacidade de surpreender. De repente, para espanto geral, ele se levanta e começa a lavar os pés dos discípulos. Quer mostrar o grau de amor heroico que reverte hierarquias. Quem comanda é o primeiro servidor dos comandados. A lição é permanente e ainda não aprendida. Pedro, sempre cheio de arroubos teatrais, pede para ser lavado por completo. Jesus deve ser paciente. O Pescador de Homens está em formação. Pedro é um herói ainda imperfeito, que afunda na água quando tem medo, que nega o Mestre, que cochila enquanto Jesus agoniza e que, ao final, vira a pedra sobre a qual toda a obra seria edificada. Pedro, a "pedra", é humano. Jesus não escolheu anjos, mas seres humanos. Conhece seus discípulos e, curiosamente, ama-os do mesmo jeito. Amar conhecendo é um dom único e uma generosidade épica.

A cena mais tocante da última Páscoa de Jesus é dada pelo afeto de João, o mais novo. Ele pousa a cabeça no peito do Mestre. É o benjamim do grupo e será o último a morrer. Ao redor daquela mesa, estavam sentados o tema principal e cinco autores do Novo Testamento: Mateus, João, Pedro, Tiago e Judas Tadeu. Foi um encontro notável. Gosto de imaginar que ali perto, numa cerimônia mais ortodoxa, estava o maior autor individual do Novo Testamento: Saulo de Tarso, sem saber que sua vida seria mudada pelos acontecimentos que transcorriam no cenáculo. A ceia foi a última alegria de Jesus nas terríveis horas seguintes.

Como funciona a cabeça de alguém que sabe o futuro? Eu me casaria tendo previsto todos os desentendimentos futuros? Conversaria com alguém que me causaria decepção anos mais tarde? Talvez por isso seja vedado aos homens o conhecimento do futuro. Não aguentaríamos a dor da verdade pela frente. É o mito do eterno retorno como no aforismo de Nietzsche, na *Gaia ciência*, ainda que às avessas. O filósofo alemão escreveu: "E se um dia ou uma noite um demônio se esgueirasse em tua mais solitária solidão e te dissesse: 'Esta vida, assim como tu vives agora e como a viveste, terás de vivê-la ainda uma vez e ainda inúmeras vezes: e não haverá nela nada de novo, cada dor e cada prazer e cada pensamento e suspiro e tudo o que há de indivisivelmente pequeno e de grande em tua vida há de te retornar, e tudo na mesma ordem e sequência". Diante dessa oferta, ficaríamos amedrontados diante da pequenez de nossa existência e do tédio ou horror de nossos próprios sofrimentos revividos mil vezes? Ou algum instante, de tão imorredouro e brilhante, nos diria que aquela era a mais divina proposta já ouvida, pois a vida, por conta desses poucos momentos, vale ser vivida repetidas vezes?

Escrevi em uma crônica de jornal sobre os últimos momentos na Terra. Lá, lembrei o quadro de James Jacques Tissot, que retratou o Calvário sob ângulo novo: a cena vista pelos olhos de Jesus (*Ce que voyait Notre-Seigneur sur la Croix*, Brooklyn Museum, Nova York). Procure essa imagem e você será apresentado a uma interpretação pouco comum. Em vez de um Jesus centralizado, um que não está na cena (a não ser por um detalhe dos pés) determina o horizonte de visão. Assumimos a posição dEle. A morte na cruz era excruciante pela dor;

terrível pela humilhação de tormento típico de escravo e, para piorar, era a chance para o Messias avaliar a natureza humana que não cessa de surpreender pela pusilanimidade. Somos todos canalhas e, invariavelmente, covardes. E Ele amou os homens apesar do que via.

Durante todas as excruciantes horas na cruz, Jesus falou apenas sete frases registradas nos Evangelhos canônicos. Pediu perdão aos presentes, demonstrando seu amor incondicional; apresentou Maria como mãe de João, para que ele cuidasse dela; respondeu ao bom ladrão que ele estaria consigo no Paraíso ainda naquele fatídico dia. E então as frases mais humanas e menos divinas (ou mais divinas, dependendo de como se lê). Jesus anuncia que tem sede, bebe vinagre e diz que está tudo consumado. Em seu derradeiro e mais solitário momento, teve dúvida e perguntou ao Pai por que Ele o abandonara (registrada em dois evangelistas). Também disse que entregava seu espírito ao Pai. E expirou. O desamparo da solidão, o estar sozinho contra a vontade. Que humanidade exemplar!

Slavoj Žižek leu essa frase, a do abandono, do sentimento dolorido da solidão, de um jeito interessante. Para o filósofo, o Deus cristão, dentre todos os deuses que postulam para si a ideia da onisciência, é o único que pode realmente afirmar que o é, pois experimentou a morte. Deus morreu na cruz, de forma banal e comum. Sem essa experiência, os demais deuses podem apenas dizer que tudo conhecem *em teoria*. Apenas Cristo experimentou a morte *na prática*. A frase "Pai, por que me abandonaste?" nos relembra de que estamos diante de um Deus encarnado, que reconhece, naquele exato momento, que perdera sua divindade. Sem um Pai onipotente para salvá-lo, Deus foi mundano e comum, pois nenhum de nós se esquiva da morte eternamente. Na solidão e no desamparo da experiência última, a morte, Cristo viveu em plenitude a absoluta humanidade, mas também a absoluta divindade: só se tornou um Deus que tudo sabe quando deixou de sê-lo, quando foi mais humano. A beleza dessa formulação encontra algum paralelo no cinema, no filme *Últimos dias no deserto*, do diretor colombiano Rodrigo García. Em uma morte silenciosa, Cristo vê o pôr do sol. Depois de trespassado pela lança, um beija-flor quase toca sua face. Jesus chora. Enquanto as lágrimas vertem torrencialmente de seus olhos, ele quase sorri. Morre em seguida. Momento sublime no qual podemos inferir a única certeza que Cristo pode ter tido em seu derradeiro momento: é que foi homem e que a condição humana é uma condição também de natureza. A morte é tão solitária e natural quanto o nascimento.

É hora de recapitularmos nosso raciocínio antes de darmos mais passos. Vimos que existe uma tradição judaico-cristã da solidão. É quando estão sozinhas que personagens importantes, como patriarcas e profetas, têm sonhos, presságios, conversam com Deus e recebem Dele alguma iluminação. Normalmente, essa condição de isolamento está associada ao deserto. Na aridez sem vida das areias escaldantes, em jejum, que o solitário homem de fé procura equilíbrio, expurgo das coisas maléficas e apego à palavra do Senhor. Estar sozinho é estar com Deus ou em busca Dele, e o deserto passa a ser local de meditação, repouso, conforto, milagres e sinais. Mas também vimos outro lado do deserto e da solidão: a loucura, as privações, os tormentos são explorados pelo Demônio, que tenta o solitário. Vencer o inimigo em terras inóspitas é triunfo da fé e é visto com júbilo. Portanto, o retiro espiritual tem algo de provação, teste. O Deuteronômio (8,2-3) é claro quando diz que foi o próprio Deus quem guiou seu povo no deserto por quarenta anos, com o intuito aberto de humilhá-lo, prová-lo, para saber o que estava em seu coração, se guardaria ou não os mandamentos. É sempre curioso imaginar por que um Deus onisciente precisa submeter pessoas a tamanha provação para daí, sim, saber o que se passa na mente delas. O inequívoco é que as ideias de isolamento, solidão, provação, provação e sofrimento se associam à purificação, renovação. Passando no duro teste de perseverar na fé, Deus premia, dá bênçãos: Ele "converteu o deserto em lençóis de água e a terra seca em mananciais", diz o salmista (107,35). Há, contudo, uma crucial diferença entre o Judaísmo e o Cristianismo nesse aspecto. O asceticismo enquanto renúncia ao mundo, tema ao qual voltarei, é completamente rejeitado pelo Judaísmo. Não há um Antão entre os judeus. O Talmude veda a renúncia ao mundo, por isso abomina o suicídio ou a mortificação e o isolamento radical.

Já dentro do Cristianismo, a partir do retiro de quarenta dias de Jesus e das tentações que sofreu no processo, podemos perceber por que o movimento dos eremitas se tornou tão forte na história da Igreja. Santo Antão, um dos primeiros ermitões (a *Legenda áurea* mostra Paulo como o inaugurador do modelo), tentava emular o exemplo de Cristo no deserto. Na etimologia da palavra *ermo*, raiz de ermitão, está a descrição: "pessoa ou grupo que vive no deserto". Na chamada Antiguidade tardia, nesse mundo que via o colapso do mundo romano pagão e a ascensão de um Cristianismo romanizado, centros da nova fé brotaram em muitos cantos, em especial em regiões portuárias e de intensas trocas comerciais e culturais. Nesse contexto e durante toda a Idade Média, eremitas cristãos buscaram reviver o exemplo de Cristo no deserto e isolaram-se da sociedade.

Era comum que pessoas como Antão buscassem fugir do mundo urbano e em sociedade por acreditarem que eram reinos privilegiados do pecado. Por outro lado, sabiam que encontrariam companhia na solidão do deserto. Lá, Deus e o Diabo estavam à espera. A sensação da solidão pode gerar insegurança, e, não à toa, boa parte dos eremitas vivia literalmente em tocas, troncos ocos, embaixo de pedras ou dentro de cavernas. Esse entocar-se revela-nos a necessidade humana e biológica de algum refúgio, um mínimo de guarida para nossa existência. A solidão do eremita também revela um receio ou pavor de alguma ameaça iminente, algo que visceralmente o impele a viver sozinho, como se o outro fosse a raiz de seus problemas. O ermitão sabe que enfrentará os seus próprios demônios e da luta que terá pela frente. Estranhamente, espera por ela, quase a deseja. Sem estar só (portanto longe dos pecados alheios) e sem enfrentar os monstros e bestas infernais que o atacarão e exporão suas entranhas físicas e psíquicas, não alcançará descanso.

A Bíblia fala-nos do deserto. Já entendemos que a palavra em contexto judaico-cristão é polissêmica. Mas, em qualquer de seus significados, sempre é um palco da ação desse Deus do deserto, desse Deus da solidão. Em meio a todas as possiblidades do deserto/solidão, ele/ela também se apresenta como esse local de descanso com o qual o eremita sonha. O local de paz depois da vitória sobre as forças do mal, sejam as de sua cabeça, sejam as do mundo. O Evangelho de Marcos (6,31) nos revela que Deus pede que estejamos sós e que, nessa condição, procuremos um lugar deserto para descansarmos um pouco. O convite é feito. É quase um chamado, na verdade. Deus, portanto, nos quer sozinhos, desertificados. Longe das tribulações do dia a dia, teremos descanso.

Visitando mais uma vez o Antão da *Legenda áurea*, vemos Jacopo de Varazze narrar uma passagem esclarecedora nesse sentido. Certa feita, um abade acercou-se do santo ermitão e lhe perguntou o que deveria fazer para viver melhor, para ser melhor. O ermitão respondeu: "Não confie na sua própria justiça; domine seu ventre e sua língua; esqueça as coisas passadas". Depois, acrescentou: "Assim como os peixes morrem se ficam algum tempo na terra, também os monges que ficam fora da sua cela e convivem com as pessoas do mundo logo perdem a resolução que tomaram de viver em retiro". Ou seja, Antão preconizou o mesmo que Descartes séculos depois: desconfie de si e de seu juízo. Essa é a dúvida fundamental. Diferentemente da lógica cartesiana, contudo, Antão estava preocupado com a concupiscência, algo que na teologia está ligado à cobiça natural da humanidade por bens e posses mundanas, algo que seria consequência direta do pecado original. Tais desejos primitivos e inerentes à nossa condição de pecadores produziriam desordem dos nossos sentidos e de nossa razão. Por isso, devemos desconfiar de nossa justiça, de nossos juízos. Podem ser simples frutos de nossos desejos. A segunda postulação, dominar o ventre, está umbilicalmente relacionada à primeira. O ventre constitui, pelo menos desde Platão, algo a ser controlado. Como metáfora platônica, o ventre simboliza as vontades populares, que se entregam a suas paixões de forma desarrazoada. Nesse sentido, deve ser controlado pela cabeça, pelo juízo, pela razão. Como metáfora cristã, torna-se repositório de pecados frutos do desejo. A gula é óbvia, mas o ventre também engloba a luxúria. Controlar o desejo da fornicação e o apetite, pois nem só de alimento vive o Homem, é imperativo do controle dos demônios internos. A língua, a próxima a ser dominada, é por onde se disparam as más palavras. Mantenha a língua quieta e você diminui a chance de pecar. Por fim, esquecer o passado, pois aceitar Cristo significa renascer. Todo o restante será perdoado. Antão conclui seu raciocínio com um conselho ao abade: "Quem adota a solidão e nela permanece é libertado de três inimigos: a audição, a fala e a visão, e então só lhe resta lutar contra um, seu coração".

Vidas ascéticas existem em muitas religiões. O Cristianismo não é exceção. Dentre os chamados Padres da Igreja, um grupo que envolve doutos teólogos, está São Jerônimo. Nascido em 347 na atual Croácia, esse homem de temperamento forte e talento para as letras viveu quase como um nômade. Escreveu muito e foi secretário de papa, ficando conhecido como o responsável pela tradução da Bíblia para o latim. A Vulgata, como ficou conhecida sua tradução, era a versão oficial dos textos sagrados para o mundo cristão europeu (e ultramarino) até Lutero verter as Escrituras para o alemão. A impressão é que deve ter passado a vida entre bibliotecas e salas de cópias de manuscritos. Isso é parcialmente verdade. Como dissemos, assessorou o Papa Damaso e, por isso, viveu em Roma. Também esteve anos em Antioquia e outras grandes cidades de sua época. Mas seus últimos trinta anos, bem como parte da juventude anterior à ida a Roma, foram passados em solidão, interrompida para ter aulas ou dar aulas. Viveu entocado, escrevendo e lendo, meditando. Como muitos anacoretas, viveu experiências místicas e, numa visão, teve a sensação de ser flagelado diante de Deus por não ser um bom cristão. Mesmo em Roma, manteve a ascese eremita, ou seja, o modo de vida frugal, comendo pouco, meditando muito e mortificando o corpo. Sua misoginia não parece ter sido das maiores. Isso em uma época em que o pensamento religioso tinha pavor da mulher, pois seu olhar, corpo e pensamentos eram invólucros condutores e catalisadores de pecado. São Jerônimo foi professor de algumas, que lhe seguiram por toda a vida e patrocinaram sua existência, bancando suas despesas e as da ordem que acabou fundando e que leva seu nome. Algumas delas, como Paola e Marcela, tornaram-se doutas conhecedoras de grego, latim e aramaico, versadas nos textos religiosos, e alcançaram a santidade.

Quando o pontífice morreu, envolto em uma série de controvérsias políticas e religiosas, Jerônimo deixou a sede do papado e peregrinou até a Terra Santa e ao Egito, que, como vimos, era importante centro cristão e escolha de muitos monges. Fixou-se em Belém em 386 e lá morreu entre 419 e 420, em uma gruta. A lógica de que o mundo é contaminado e que o retiro e a solidão são caminhos para uma vida santa foram ideais que Jerônimo partilhou com milhares de outros homens e mulheres de seu tempo e de idos posteriores. Boa parte das muitas representações artísticas do santo mostram-no como um cardeal (ainda que isso seja anacrônico) ou doutor da Igreja, mas as mais tradicionais salientam o aspecto da solidão contemplativa. Ele nos é mostrado como um velho magro, de barbas longas e cabelo ralo, seminu, imerso nas Escrituras, cercado de pergaminhos, iluminado por uma vela. A cruz e uma caveira (símbolo da mortalidade) também costumam compor a cena.

Tradicionalmente, pensa-se o fenômeno do monasticismo cristão como uma resposta à secularização crescente da Igreja. Quanto mais a fé se institucionalizava e penetrava o mundano, atraindo imenso rebanho, mais havia um vetor contrário que impulsionava eremitas à solidão do deserto. Na esteira desse movimento, criaram-se as primeiras abadias e mosteiros. Mesmo em comunidade, os princípios do silêncio, da cela, do recolhimento, da meditação e da mortificação do corpo acompanharam monges e monjas nessas verdadeiras fortalezas de Deus, como gostavam de se projetar as edificações desse tipo. Desde os anos 1960, em especial depois do clássico do historiador Peter Brown sobre o fim do mundo clássico e da história da Igreja de Henri Marrou e Jean Daniélou

(*O fim do mundo clássico – de Marco Aurélio a Maomé* e *Nova história da Igreja dos primórdios a São Gregório Magno*), os desertos da Síria e do Egito passaram a ser mais bem escrutinados, e entendemos que lá não estavam apenas pessoas em busca de revelações ou regenerações. Havia imenso contingente de indivíduos fugindo de dívidas, impostos, problemas judiciais ou como forma de protesto contra a dominação romana. Muitos camponeses endividados, ladrões e assassinos tornaram-se monges ou anacoretas. Aliás, camponeses que se lançavam ao ermo, desde o tempo dos faraós, eram denominados *anakhoretai*, que em grego significa "afastar-se". A palavra *monachos*, por sua vez, referia-se, primeiramente, aos solitários (*monos* = um, só), que se retiravam em busca de uma experiência cristã sem intermediários. O individualismo dessas iniciativas era óbvio. Imbuído de fé ou fugindo de uma dívida, me lanço no deserto, crio práticas de ascese (*áskesis*, prática constante de cunho espiritual), jejuo, encontro Deus e persigo meus diabos. A solidão era a regra, e o improviso grassava. Alguns, chamados de estilitas, viveram por dezenas de anos no topo de uma coluna; outros emparedaram-se até a morte; muitos nunca mais se banharam.

Como os desertos começaram a lotar, logo se esbarrava em outro eremita e seus próprios (e por vezes curiosos e estranhos) métodos de salvação. Comunidades de ermitões se formavam ao redor de líderes homens, como Antão, ou de mulheres, como Sinclética de Alexandria, Teodora de Alexandria e Sara do Deserto, sem muita organização prévia. Muitas dessas comunidades entravam em contendas sobre o verdadeiro e o melhor jejum, a mortificação correta. A milícia da alma contra o corpo, citada por Paulo na carta aos Gálatas, gerou muitas interpretações. Cada comunidade ou indivíduo procurava se sobrepor a outros, e a vaidade, se é que foi extinta ou ao menos muito perseguida, voltava a imperar. Da necessidade de regrar a vida desses monges, nasceram as primeiras regras rígidas e fixas, ao redor das quais se organizaram ordens religiosas, como as de São Pacômio, criador do primeiro mosteiro cenobítico, ou seja, de vida em comum, e a de São Jerônimo. O estilo de vida monástico se espalhou do Egito para a Síria, de lá para a Palestina, Pérsia, Armênia, Geórgia, Itália, Gália, Irlanda, Escócia e Inglaterra. Santo Agostinho, desde sua diocese em Hipona, vivia de modo monástico com seus seguidores, e seu princípio de que se dê a cada um segundo a sua necessidade inspirou centenas de congregações e ordens religiosas.

A opção pela solidão em busca de Salvação ou iluminação, essa ascese "fora do mundo" na expressão de Max Weber, é a alternativa do indivíduo que crê que o mundano deve ser abandonado. É a renúncia do mundo para viver o sagrado, caso que analisamos na maior parte deste capítulo. A outra ascese, a de Santo Agostinho ou a dos *quakers* nos Estados Unidos, se dá "no mundo", ou seja, quando a pessoa não abdica totalmente da vida em sociedade e de seu cotidiano, mas permanece em vigília para evitar certos aspectos que considera errôneos ou pecaminosos.

Essa busca da solidão ascética excede o Cristianismo. Iogues a praticam com frequência. Na Índia, os homens santos, os *sadhus*, levam vida solitária e de mortificação e, dependendo do *Ashrama* em que alguém se encontra, é provável que passe seus últimos anos como um anacoreta. Lao Zi e Sidarta abandonaram o mundo para, na solidão, encontrarem sabedoria, equilíbrio e iluminação. O Buda e seu caminho do meio são uma rejeição do ascetismo extremo e também uma busca pelo equilíbrio e o fim do sofrimento que tem na solidão seu fundamento principal. Ninguém pode ajudá-lo na busca pela iluminação. Apenas você pode fazer isso por você. O que não implica não poder ajudar os outros, mas não é apenas servindo e se mortificando que se atinge essa paz interna. Os métodos variam para cada época e corrente dos muitos tipos de budismo. De forma geral, a solidão no budismo é encarada como algo positivo, longe de ser algo ameaçador ou temido. A ideia central de não se apegar a nada, da meditação, criaria o que algumas vertentes chamam de "solidão serena", uma postura contemplativa e disciplinada, sem excessos, vazia de desejos e excessos. Na formulação da monja Pema Chödrön, "somos fundamentalmente sós, e não há nada, em lugar algum, em que possamos nos agarrar. Além do mais, isso não é um problema. Na verdade, isso nos permite finalmente descobrir uma maneira de ser totalmente desconstruída. Nossas premissas habituais – todos os nossos conceitos sobre como as coisas são – impedem-nos de ter uma visão nova e aberta. [...] Relaxar [na solidão] representa um bom exercício para perceber a profundidade das situações mal resolvidas de nossa vida. Estamos nos enganando quando fugimos da ambiguidade da solidão".

E o Islamismo, a terceira e mais recente das religiões abraâmicas? Como ela lida com a solidão – e será que Alá também é um Deus que a preza e a incentiva? A resposta é fácil para o solitário leitor ou a atenta leitora que me acompanha até aqui. Se o Islã tem matriz comum com o Judaísmo e o Cristianismo, malgrado certas diferenças teológicas, haverá muito território comum para se pisar. Há um ditado árabe que nos serve de pista para o começo de nosso raciocínio: "A semente só pode germinar na obscuridade". Ou seja, dentro da terra, solitária, a semente pode gerar nova vida. Assim, o ideal do renascimento, da regeneração da experiência religiosa, está presente. Para os muçulmanos, grandes transformações interiores só são possíveis em *khalwa*, ou seja, na "solidão", "reclusão". Embora em correntes místicas, como no Sufismo, a *khalwa* seja de fato um retiro espiritual com práticas ascéticas; não há entre os islâmicos a idiossincrasia cristã do eremita radical. O Profeta revelou que a religião "começou como algo estranho e vai voltar a ser estranho, então dê as boas-novas para os estranhos". Ou seja, viva entre outros, no mundo, e não em renúncia total dele. Maomé via o corpo como morada sagrada, algo a ser cuidado, purificado, mas não punido, mortificado em excesso. Jejuns purificam, fome mata. O Ramadá ensina ao fiel islâmico sobre a necessidade do sacrifício e da solidariedade aos pobres famintos.

A ideia é a da introspeção, que, segundo o Corão, é o cerne da crença. Uma hora de introspecção vale mais que setenta anos de adoração, diz a palavra sagrada. E tal silêncio contemplativo é inequivocamente solitário. Maomé estava só, no deserto, quando recebeu as visitas do anjo Gabriel e boa parte das revelações que ele lhe fez. Maomé era um homem vivido quando teve sua experiência mística na solidão do deserto. Fora criado pelo tio Abu Talib, pois era órfão de pai. Conduzira caravanas de comércio pelos desertos árabes por toda a vida. Casara-se quinze anos antes com uma mulher que respeitava profundamente, sua prima Khadija, uma viúva rica, primeira pessoa a quem o profeta contou de suas visões e sua maior incentivadora, junto do tio. Tiveram 4 filhos, mas só sua amada filha Fátima sobrevivera à dura infância naquela região bastante inóspita. Naquele dia, o sol era abrasador, e Maomé recolhera-se na gruta de Hira e buscava algum tipo de iluminação. O Corão fala-nos como o Espírito da Verdade disse ao Profeta: "Leia!". Assustado, respondeu que não sabia ler. Então, Gabriel o segurou e apertou com força, depois o libertou, repetindo a ordem: "Leia!". Mais uma vez, o atormentado árabe redarguiu que era incapaz. O anjo apertou uma vez mais e mais uma terceira. Exausto, Maomé ouviu os versos em sua língua: "Leia! Em Nome do seu Senhor, Que criou [tudo que existe], criou o homem de um coágulo. Leia que seu Senhor é o Mais Generoso. Ensinou através do cálamo. Ensinou ao homem o que este não sabia" (96,1-5).

Aturdido, repetiu os versos. Tremendo, voltou a sua casa e buscou consolo de Khadija. Confessou-lhe que achava que tinha perdido a sanidade e descrevera a cena mística que vivera. Gabriel apareceria muitas outras vezes e em todas revelava o livro já escrito, por isso a ordem de ler! Maomé memorizou o livro. Passou a recitá-lo. *Al Quran* significa exatamente "As recitações". A solidão era condição para receber o Livro, e as revelações duraram 23 anos.

Por vezes, Gabriel aparecia na forma humana, por vezes apenas a voz se derramava direto no coração do profeta.

As palavras que lhe foram reveladas também estão repletas de momentos em que Deus fala aos homens em desertos e na solidão. Vinte e oito profetas antes de Maomé ouviram palavras sagradas, Jesus entre eles. Maomé foi o último. Com ele, para a imensa comunidade muçulmana, a palavra divina se revelou por completo e em sua forma final.

Vimos que o Deus abraâmico tem grande predileção pela solidão e pelo retiro de seus fiéis. Segundo os que creem nesse Deus, a introspecção e o silêncio da oração são pontos fundamentais para o conhecimento de si, dos limites, e da divindade. Cada uma das três leis, como se dizia na Primeira Modernidade, desenvolveram formas específicas de lidar com essa solidão contemplativa, para falar com esse Deus da solidão. Judeus e muçulmanos desenvolveram asceses "no mundo", e, embora haja muitas correntes místicas nas duas matrizes religiosas, não encontramos frades e monjas entre eles. Diferentemente disso, nos cristãos, em especial dentro dos catolicismos, vimos surgir uma radicalidade da ideia do isolamento, da solidão na busca ascética pela transcendentalidade. Uma leitura do exemplo de Cristo e seu retiro de quarenta dias (tempo que duram certos rituais islâmicos de purificação espiritual de *khalwa*) no deserto e sua resistência a Satanás levou ao surgimento de anacoretas, eremitas, estilitas, monges, abades, frades e toda uma sorte de ordens e movimentos religiosos entre homens e mulheres.

Também acompanhamos de perto a solidão de Jesus e Maomé. O primeiro, um humano divino, alguém cônscio de sua missão, mas nem por isso imune ao seu sofrimento e dor. Jesus, estoicamente, mas muito humanamente, aceitou a dor e a morte, preparando-se para ela com seu retiro, sua ascese. Ainda assim, sentiu-se só e abandonado. Uma solidão para o equilíbrio, outra solidão do desamparo, do abandono. Uma por opção, outra por absoluta falta dela. Cristo, talvez por se lembrar dessa experiência humana última da morte e do sofrer sozinho, visitou ou mandou consolo a santos e outros mortais em momentos de isolamento provocado por doenças, como foi o caso de Inácio de Loyola e Francisco de Assis, não por acaso ambos fundadores de ordens religiosas profundamente cristocêntricas.

Maomé tremeu, sofreu, foi arrebatado, ridicularizado. São várias as passagens corânicas que nos mostram quanto o povo em Meca e nas imediações zombou de suas recitações e cobrava que ele realizasse milagres ou experiências extáticas diante de todos. Diziam-no possuído por demônios ou ensandecido. Depois de décadas triunfou, pois voltou a Meca como O Profeta. Morreu em 632, sem que nenhum de seus fiéis duvidasse daquela fé que nasceu solitária, apenas fruto das visões de um único homem. Uma década depois de sua morte, toda a Península Arábica estava, pela primeira vez, unificada. Inimigas mortais, politeístas, as tribos árabes constituíam a *Ummah*, "a nação" dos crentes. Em um século, um imenso império, que se estendia da Pérsia, passando por todo o norte da África e findando-se nos Pireneus, constituiria essa comunidade de fieis, o *Dar al-Islam*, o território em que a maioria da população é muçulmana e pode praticar sua fé sem restrições.

De todos esses exemplos, mas também da iluminação de Sidarta ou do isolamento de outras religiões, podemos perceber como é na solidão que se dá a busca por algo maior que si mesmo. No deserto, no isolamento, na toca forja-se, silenciosamente, um renascer, uma regeneração, uma nova identidade. Os iluminados, à medida que se despojam de si próprios e de seus bens, seus apegos mundanos, enfrentam seus demônios e, se perseverarem, encontram paz, Deus, luz ou a si mesmos.

Essas experiências religiosas trazem muitas sensações paradoxais. Relatos de paz, descanso, conforto na solidão. Outros de privação, dor, sofrimento, mortificação e horror. Por vezes, medo e ameaça são a causa de prazer, de gozo espiritual. Outras ocasiões, ir ao deserto é enfrentar o que se teme, a maior ameaça de todas: ouvir a nós mesmos, desnudar-se no espelho silencioso da consciência. Heidegger, em *Ser e tempo*, nos lembra que tememos o que nos ameaça, aquilo com o que não temos familiaridade. Aproximando-se daquilo que nos aflige, não necessariamente tocamos a fonte do receio. O terrível da experiência da solidão contemplativa, da solidão mística, religiosa (mas talvez de toda solidão) é que essa "fonte do mal" pode não se apresentar. Santo Antão, segundo a *Legenda áurea*, lamentou várias vezes que buscara o martírio ou o maléfico e não os encontrou. A possibilidade desvelada de ausentar-se que aquilo que nos aflige tem, escreveu o filósofo alemão, "não diminui nem resolve o medo, ao contrário, o constitui".

Existe, por fim, a figura do missionário que parte pelo mundo para pregar a sua fé. Tomemos, por exemplo, jesuítas, do primeiro século da Companhia de Jesus. Presentes nos charcos do Paraguai, no planalto de Piratininga, nas ilhas Molucas, no Japão e na China, isolados ou em pequenos grupos: ei-los falando de uma fé nova, estranha aos locais e, muitas vezes, recebida entre a indiferença e a hostilidade. Deve ter existido muito entusiasmo e muita alegria no cumprimento da ordem de pregar o Evangelho a todos os povos. Também devem ter abundado o medo, o choro, a dor e o sentimento latente de fracasso. O tempo passa e o sofrimento real ganha terreno. Sai o mártir da narrativa e entra em cena o homem assustado, com o temor cuja fonte nunca se apresenta. No romance histórico, além do grito dos algozes e do sofrimento, existe o silêncio de Deus, que atualiza uma agonia solitária: "Pai, pai, por que me abandonaste?". Algum leitor ou leitora, imagino solitariamente enquanto escrevo, pode argumentar que isso é ficção. Recomendo estudos sobre jesuítas e suas experiências reais e históricas, então. O cuidado é óbvio: os inacianos relatam seus sofrimentos, muitas vezes, de forma proposital, em tom edificante. Quanto maior o sofrimento, maior a glória de triunfar sobre ele e expandir o nome de Deus. Ainda assim, vejamos quando a coisa não dá tão certo como planejado. Baseio-me no trabalho de uma amiga, uma pesquisadora de excelência no tema, Maria Cristina Bohn

Martins. Ela encontrou a trajetória do Padre Lucas de Cueva, jesuíta atuando na região do rio Amazonas no século XVII. Trabalhar ali, mais uma vez lembrando do tom edificante dos escritos, trazia enormes dificuldades, a solidão e as agruras do deserto. Deslocamento em terras alagadiças ou em frágeis canoas que enfrentam as poderosas correntes dos rios amazônicos, a fome (e a necessidade de consumir "imundices") e o incômodo da excessiva umidade e dos insetos. Um dia, sem poder sair de sua canoa por estar tudo inundado à sua volta, teve que fazer suas necessidades onde estava. Naquele momento, relata, "caiu meu pouco vigor [...] a ponto de eu não mais conseguir me levantar". Territórios limítrofes como o de Maynas, província onde estava Cueva, implicavam condição excepcional, passível de revelar fragilidades pessoais quase nunca evidentes na literatura jesuítica. O sacerdote revela como sentiu, por vezes, os pelos se eriçarem e como tremeu de pavor: "Caiu a noite e, com ela, horrorosas trevas de pavor, que ocuparão os corações dos maynas [...] e também o meu. Eles falavam baixo entre si [...] com voz tão triste e baixa [que...] parecia maquinarem algo contra mim. Confesso os efeitos de minha fraqueza (...) fechava a boca [...] para que não ouvissem meu bater de dentes. Levando minhas mãos à cabeça, vi meus cabelos eriçados: meu coração tão possuído de temor e de sombras fatais". Como o exemplo do Padre Cueva, há muitos outros que mostram que a solidão-abandono é o reverso possível da solidão contemplativa.

Ambas as formas de solidão religiosa, a do terror do abandono e a busca por se abandonar, são aspectos essenciais e básicos em muitas tradições religiosas. Na verdade, são o âmago, o mais íntimo da experiência religiosa. A solidão fundou as maiores religiões e práticas religiosas. Buda encontrou a iluminação solitário, debaixo de uma figueira. Jesus passou quarenta dias no deserto. Maomé estava sozinho numa caverna quando Gabriel falou com ele pela primeira vez. Moisés, só, recebeu os Dez Mandamentos. Várias outras figuras importantes do texto, de Abraão a José, também encontram Deus e seus desígnios em isolamento. Nas palavras do sacerdote católico e escritor norte-americano Clair McPherson, "os grandes profetas do Velho Testamento, os primitivos pais e mães cristãos do deserto, os primeiros seguidores do zen-budismo na China, os místicos judeus medievais, os sufis na tradição islâmica – todos praticavam a solidão". Deus parece amar os solitários. Suprema contradição, bela em si: o único Ser que representa o fim do abandono, o Ser que dissolve qualquer isolamento e que sempre está ao meu lado, ao final, ama o isolamento dos fiéis.

CAPÍTULO 5

A imagem do solitário: arte e cinema em busca do isolamento imagético

Começo este capítulo que pensa a relação entre arte e solidão com um metatexto. Na verdade, com um metatexto sobre um metatexto. Gaston Bachelard um dia, olhando para a chama de uma vela, teve um estalo do muito que aquele clarão bruxuleante pode significar e quanto de solidão tem em si e ao seu redor. Escreveu um belo livro, híbrido de poesia e filosofia, chamado prosaicamente *A chama de uma vela*. A solidão desse oscilante lume é tamanha, percebe, que, mesmo que se juntem duas velas, a chama de uma não se funde à da outra. Ao seu redor, quanto já se escreveu, se pensou, viveu e morreu. Cada umas dessas vivências, mesmos as coletivas, carregam solidão. Então, em uma passagem, Bachelard comenta a obra de um poeta, Théodore de Banville, justamente quando ele escreveu um poema sobre Camões. No poema de Banville, Camões, freneticamente, escreve uma poesia à luz de vela, sendo observado por seu gato. Quando a luz da vela acaba, a luz dos olhos do gato continua a alumiar o recinto até que o gênio do poeta português se esgote e seus versos repousem completos sobre o papel. A cena é linda e o efeito, mágico. Bachelard explode o sentido de Banville e devaneia sobre a vela, o gato, o poeta, a poesia e a solidão. Lembra-nos que a vela começara a vigília sozinha, ao mesmo tempo que o poeta começava seu poema. A poesia, por meio do fogo criativo do escritor, ganha vida própria, luz própria, sempre à luz da mesma vela, até então uma simples vela. Mas cada objeto naquele recinto ganhou auréola própria por conta da mesma luz tremeluzente. A tudo assistiu e vigiou o gato. Felino e vela olhavam, cheios de fogo, o calor do poeta: "Tudo era olhar nesse pequeno universo, que é uma mesa iluminada dentro da solidão de um trabalhador". Logo, como poderia ser diferente? Como o gato, que compartilhou tanta luz, não se tonaria naturalmente cúmplice e supriria a ausência da vela? "O gato de Camões certamente não se sobressaltou quando a vela morreu. O gato, este animal vigilante, este ser atento que observa dormindo, continua a vigília de conceder luz com o rosto do poeta iluminado pelo gênio."

Uma obra de arte, especialmente boa (sei quanto isso é subjetivo), tem essa potência do gato, da vela e do poeta. Um filme que une roteiro, direção, atuação e edição é uma obra de arte nesse sentido. Um quadro, escultura, música ou filme são gato porque são signo, representação. Na ausência da vela, o gato brilha por ela. A arte não é somente aquilo que é representado nela. É mais e é também a negação dela. Vamos a um exemplo concreto e clássico. Magritte pintou um cachimbo em estilo catálogo de produtos e escreveu, em letras escolares, embaixo: "Isto não é um cachimbo". Sim! Não é um cachimbo, mas uma representação, um símbolo do cachimbo. Assim como Banville comentando Camões não é Camões. E Bachelard comentando Banville, que comenta Camões, só aumenta a trilha de uma representação da representação. Por outro lado, se não houvesse a legenda no quadro de Magritte e perguntássemos a um transeunte o que ele vê na imagem, dificilmente escutaríamos algo diferente de "um cachimbo". Ou seja, o texto nega a imagem, mas também nega a si próprio. Ele me diz que não se trata de um cachimbo, mas eu vejo um cachimbo! Tampouco a legenda é um cachimbo. Em quem acreditar? Essa talvez fosse a peça que o artista nos pregava: quem tem mais autoridade? A coisa representada (o cachimbo), a representação da coisa (a tela que mostra uma pintura de cachimbo, logo uma imagem) ou o texto que nega que aquilo seja um cachimbo? Essas muitas camadas da arte mostram seu poder de iluminar sem ser vela, mas gato; sem ser a coisa em si, mas a representação da coisa.

Também podemos pensar a arte como vela, algo que ilumina nossa solidão, nossa existência. Quantas vezes, um filme, livro, música ou obra qualquer iluminou meandros escondidos de todos nós, locais que nem sequer imaginávamos existir. Pode iluminar e nos transformar por meio dessa luz. Há pessoas que têm ódio, raiva, babam diante de obras ou performances em museus. Outras parecem flutuar diante da mesma exposição. Há quem chore, alguns emudecem, sorriem, se inspiram. Cada reação, solitária como a luz da vela, por mais distinta da outra, é uma forma de afeto. A luz da arte definitivamente nos afeta, nos dá auréola, como se fôssemos, por instantes, objetos na mesa de Camões. Nesse sentido, a arte não precisa ser a coisa que retrata. Ela transcende a coisa, torna-se mais do que ela. A arte nos maravilha. Spinoza define o maravilhamento como uma imaginação, algo ainda não articulado, que produz uma espécie de paralisia, uma suspensão momentânea do entendimento. São aqueles segundos, minutos ou meses em que demoramos para assimilar plenamente uma experiência transformadora.

Por fim, uma obra de arte é, em si, um artista capaz de criar, como um poeta. Isso mesmo: a arte cria. Isso tem a ver com a recepção da obra, sempre viva, cambiante, única, solitária. Cada pessoa, individualmente, lê e relê a obra, e, a cada releitura, descobre algo novo, algo que, aparentemente, não estava ali antes. A arte tem vida própria, gênio criativo em si. O artista pode ter imaginado uma intenção ao fazê-la, um sentido para ela. Pode tê-la dado por pronta e acabada. Mas ela resiste ao tempo e engendra novos sentidos a cada geração que desfila diante dela. Não precisamos ir longe para entender: você nunca releu um livro que tinha adorado? Por vezes, deixamos de gostar na releitura. Em outras, gostamos ainda mais. Às vezes, por diferentes motivos. A obra nos recria a cada leitura. *Panta rei*: mudamos, a obra e eu, a cada reencontro.

A partir disso, reparem quanto de solidão a arte contém. Comecemos nosso raciocínio com a solidão do próprio artista em seu processo de criação. Alguém pode ser um notório notívago, viver em festas cercado de amigos e amantes, mas, para criar, a centelha divina espoca em cabeça, coração e mãos solitárias. Posso pintar uma modelo, filmar uma multidão, estar cercado de colaboradores e ajudantes. Ainda assim, há um tempo próprio do artista e da obra, uma solidão da criação.

Não me refiro a pessoas que se recolheram depois de se aposentarem, como Greta Garbo, por exemplo. Ou que se retiraram de seus ofícios por conta de doenças, distúrbios ou drogas, caso de Syd Barrett. Eu me refiro à solidão do processo criativo em si, como no diretor Terrence Malik ou em Stanley Kubrick. Este último não era um homem sem vida social, embora tenha vivido longe dos holofotes de Hollywood. Foi casado por décadas, teve duas filhas e uma enteada, com quem, todos os que trabalharam com ele são unânimes em dizer, tinha uma relação saudável e afetiva. Teve amigos. Seu desapego pela fama era imenso. Tão grande que, nos mais de quinze anos em que ninguém do *showbiz* o viu, um farsante chamado Alan Conway se fez passar por ele, e muitos acreditaram. Os que tinham certeza estar lindando com o Kubrick real lhe pagavam refeições, aceitavam papéis em filmes e marcavam entrevistas com o notório diretor ermitão. Parêntese rápido antes de chegar ao ponto que me interessa: o assistente pessoal de Kubrick acabou se envolvendo na produção de um filme sobre o assunto, estrelado por John Malkovich (*Totalmente Kubrick*, 2006), num caso em que a arte se apropria de algo pitoresco, para, por meio da comédia, discutir temas densos como identidade. Voltando à questão que nos guia: Kubrick era um ser humano com relacionamentos pessoais estáveis e, de forma muito consciente, retirou-se do lado *paparazzi* da fama. Adquiriu uma fama de solitário que não parece ser justa. Mas, durante seu processo criativo, criava uma redoma em torno de si e de sua arte. Muito raramente deu entrevistas sobre seus filmes e não costumava falar sobre projetos nos quais estava trabalhando. Pensava detalhes da produção. Em *Barry Lyndon*, por exemplo, pesquisou lentes específicas para as câmeras, capazes de captar a ambiência que criou em cenas unicamente iluminadas por velas. Seu último filme tomou dois anos somente para as filmagens. No processo de edição, retirava-se em sua casa na Inglaterra e, com a presença de poucos auxiliares, esmerava cena a cena seu próximo filme. Esse processo de reclusão, essa é a solidão da criação.

Outro caso notório da mesma natureza foi o de Andy Warhol. Diferentemente de Kubrick, abraçou o estrelato. Viveu o tempo todo cercado de festa e acompanhado de ricos e famosos. Seu trabalho, contudo, foi uma eloquente aclamação do isolamento e dos problemas de conexão entre as pessoas, como definiu corretamente Olivia Laing no livro *A cidade solitária*. A autora nos diz dos temas de Warhol, e, invariavelmente, ele abordava a proximidade e a distância entre as pessoas, a ideia de intimidade e estranhamento. Na vida pessoal, foi um acumulador, traço característico de pessoas com problemas sérios de intimidade. Acumular objetos talvez seja uma forma de construir barreiras materiais dentro das quais me protejo e me escondo. Saía de casa munido de uma pletora de máquinas fotográficas e gravadores, usando-os como filtros de seus contatos com outras pessoas. Homem magro, de cabelo singular, extremamente pálido e com pele manchada (por doenças que teve na infância), era um tímido inveterado. Passou boa parte da vida adulta sofrendo de amores quase sempre platônicos (ou não sentimentalmente correspondidos) por vários garotos bem mais jovens. Truman Capote, um dos muitos alvos de suas afeições, foi vituperioso ao descrevê-lo como alguém que "desde o berço, era um perdedor" irremediável, "a pessoa mais sem amigos e sozinha que já conheci na vida".

Laing liga a produção de Warhol à sua vida introspectiva e solitária em meio à multidão. Desde 1960, por meio de filmadoras, máquinas polaroides, gravadores de som, ele criou muito de sua arte. Especialmente nos anos 1980, não era possível vê-lo numa festa sem um ou mais desses aparelhos. Warhol estava sempre atrás de uma dessas máquinas, nunca se expondo sem a proteção delas. Ao mesmo tempo, os filmes, *foots* e sons eram formas de capturar as pessoas sem que elas, como produto, pudessem lhe causar algum mal, "um estratagema de enorme apelo à solidão, vindo de alguém cujo medo da rejeição era quase tão intenso quanto seu desejo por intimidade".

Meu intento ao narrar um pouco de Kubrick ou de Warhol não é reforçar um mito. Há uma falácia, perigosa em certo sentido, que insiste na ideia do gênio solitário. Nas artes e nas ciências, ninguém cria totalmente sozinho ou a partir do nada. Muita gente imagina Michelangelo solitário, em silêncio, pintando a Capela Sistina, ou Leonardo em seu ateliê criando mais uma obra-prima. A verdade está longe disso. Se o leitor ou a leitora estava prestando atenção, desde o início falei que artistas estão ladeados de assistentes e colaboradores o tempo todo. Mais do que isso: estudaram com alguém, formaram outras pessoas; trocaram impressões e técnicas com outros artistas; apropriaram-se, inspiraram-se e, até aprenderem, copiaram outros artistas anteriores ou contemporâneos. Todo o processo de técnica, muitas vezes o de inspiração também, envolve colaborações e o avesso da solidão. Mas não é à toa que imaginamos renascentistas como gênios solitários, excêntricos e à frente de seu tempo. Foi no Renascimento que se inventou essa cultura do gênio, que, modificada por muitos séculos, cultuamos até hoje. Patronos e artistas passaram a pensar as artes plásticas como diferentes e superiores a outras técnicas e ofícios. Antes, um mestre de obras, uma escola de vitrais ou de pintores e uma corporação de ofício de artesãos e carpinteiros tinham praticamente o mesmo status na Europa. Surge, no fim da Idade Média e no início da Modernidade, essa distinção clara que temos até hoje entre (Belas) Artes e Artesanato (como técnica inferior). É só pensar no próprio Leonardo. Das telas que sobreviveram e chegaram até nós, não são poucas (e os especialistas são unânimes em dizer) aquelas em que é possível observar a mão de mais de um pintor, provavelmente um aprendiz. Leonardo assina o trabalho coletivo. John Lennon e Paul McCartney marcaram, como dupla, o som pop do século XX. Dois talentos ímpares, de formações tão díspares, criaram história juntos entre 1980 e 1985, quando juntaram forças: Warhol e Basquiat. Os irmãos Joel e Ethan Coen, Jean-Pierre e Luc Dardenne ou Paolo e Vittorio Taviani criaram obras-primas cinematográficas e foram tantas vezes laureados trabalhando juntos. O central é a fagulha criativa, a singularidade da obra. Essa é solitária.

Eu disse que esse mito do artista ou cientista solitário pode ser bastante pernicioso. Explico. Como escreveu o crítico Peter Schjeldahl: "O artista é um ser estranho. Creio que é seguro afirmar que o artista de verdade sabe que tem uma singularidade que é parcialmente bênção, parcialmente maldição. Um artista usufrui e sofre com isolamento. Como solidão, o isolamento pode nutrir. Também pode destruir". Nada mais preciso. Pensemos um caso concreto e terrível: Van Gogh. O pintor teve uma existência bastante solitária e trágica. Em seu caso, solidão era o palco da criação, mas o isolamento o picadeiro da desgraça pessoal. Tomemos a bela e melancólica tela *Quarto em Arles*, pintada em três versões, entre 1888 e 1889. A primeira está no Museu Van Gogh, em Amsterdã. A segunda, no The Art Institute of Chicago. A terceira, no Musée d'Orsay, em Paris. Se observarmos o esboço que Vincent mandou em carta a seu irmão, Theo Van Gogh, temos equilíbrio. Nas pinturas, contudo, tudo parece estar prestes a desmoronar. As tábuas do assoalho quase se viram contra o espectador. Na primeira versão, os espaços entre essas tábuas são enormes. Van Gogh sofria de uma angústia solitária extrema. Os objetos são quase todos duplos: cadeiras, travesseiros, portas etc. Tudo parece indicar a espera de outro, que nunca chegou. A angústia desse holandês transbordava por seus pincéis e suas telas em ritmo frenético. Sentia dor pelo peso financeiro que impunha a seu amado irmão, Theo. Nenhuma mulher ficava com ele por muito tempo. Não conseguiu seduzir Gauguin como amigo e colega de arte. Aliás, a porta esquerda que vemos nas três versões do quadro era a do quarto reservado para Gauguin lhe fazer companhia. O pintor francês também estava sendo bancado por Theo, com a única missão de servir de companhia ao atormentado e solitário Vincent. Brigavam o tempo todo e eram opostos em quase tudo. Van Gogh gostava de pintar ao ar livre, no ritmo frenético de alguém que tinha um "coração fanático" (como descreveu ao seu irmão), usava cores simples e fortes, e verniz para finalizar as telas. Gauguin era cerebral, preferia ambientes internos para produzir, detestava as cores do colega e não usava verniz. Van Gogh pintou dois quadros com cadeiras vazias representado essa dualidade. A primeira segue a palheta que marcou sua produção, tem pinceladas grossas, iluminação natural. A cadeira solitária e vazia é simples, de palha, com um cachimbo e tabaco em cima. O pintor precisava de pouco. *A cadeira de Gauguin* parece o reverso da sua. De madeira escura, torneada, assento de tecido fino e trabalhado. A cena é escura, com uma luminária artificial de parede projetando luz; o chão contrasta com as lajotas vermelhas de *A cadeira de Van Gogh*. Livros e uma vela estão em cima dela: a racionalidade e a imaginação de Gauguin. "Tentei pintar seu lugar vazio, a pessoa ausente", descreveu. Pintou dois lugares vazios e ausentes. Atormentado com o abandono do amigo e em meio a delírios, cortou a própria orelha. Suicidou-se; solitário até o fim. Essa solidão rendeu em criatividade, mas também em tormento e dor. A produção foi estimulada pela concorrência e pelo antagonismo de Gauguin. Solidão na centelha, companhia por antinomia na criação, isolamento que levou à tragédia. Sem dúvida, um caso extremo.

Há outras produções que se transformaram em epítome da solidão. Rainer Maria Rilke, pensando nos críticos de arte, escreveu que "as obras de arte são de uma solidão infinita: nada pior do que a crítica para as abordar. Apenas o amor pode captá-las, conservá-las, ser justo em relação a elas". Vamos tirar a primeira frase um pouco de seu contexto original e reinventá-la: as obras de arte são de uma solidão infinita. Ou seja, nesse novo sentido, a representação da solidão torna-se a solidão em si. Há tantos e inúmeros casos. Vejamos alguns. Pablo Picasso, em sua fase azul, pintou *O velho guitarrista cego*. O jovem artista penava para sobreviver em Barcelona quando um igualmente jovem amigo se suicidou. A dor, a reflexão sobre arte e existência criaram essa tela cheia de solidão. Olhar para o velho músico cego, cabisbaixo, quase sem vida, sentado de pernas cruzadas, tocando seu violão, traz uma imensa sensação de estar sozinho. A solidão dos velhos, sobre as quais falarei mais à frente no livro. A solidão do artista. A melancolia do isolamento está nas cores, basicamente azuis – a cor da tristeza desde sempre. O frio do azul e dos poucos verdes contrasta com o violão do músico, marrom-terroso. Mais vivo que o artista que o tange, o instrumento é a arte. Traz vida, sem dúvida, mas não cura a solidão. A esmola que o pobre músico parece esperar, em seu lamurioso silêncio, viria de nós. A arte não se sustenta, por mais criativa que seja. Depende da contribuição de alguém, parece lamentar Picasso, o quadro ou apenas eu mesmo lendo a obra. O inegável é como ela, em si, é a solidão.

A solidão associada aos velhos é tema recorrente. Guy Rose é um nome muito talentoso dos impressionistas dos Estados Unidos. Pintou o quadro *La Mère Pichaud* em 1890. A pintura é da fase francesa dele, quando estava próximo a Monet. Uma senhora olha a cadeira vazia de forma expressiva. Mais uma vez o tema da cadeira vazia, que vimos em Van Gogh, com a diferença do que mais entristece na cena: há o silêncio dolorido de alguém, observando a ausência prenunciada no móvel. O mesmo tema volta no pintor acadêmico inglês Charles Spencelayh, no óleo *A cadeira vazia*. Os dois quadros falam do envelhecimento, da espera, dos parentes que não chegam e da dificuldade em lidar com o abandono. Por fim, a desolação solitária de *Melancolia*, de Constance Marie Charpentier. Não vemos uma senhora, mas uma jovem. A ausência não está num móvel vazio, mas no vazio de toda a cena. Bem-vestida em túnica de linho, a jovem está sentada, o olhar cabisbaixo e perdido, as mãos inertes, os ombros caídos como se sustentasse o peso da solidão de toda a floresta escura atrás dela. Solidão, ausência e melancolia plasmadas em tela. Arte, às vezes, dói.

Há, entretanto, outra forma de solidão na arte. Uma solidão que contém o abandono não somente como dor e desamparo, mas como condição primordial para a liberdade. O filósofo Martin Heidegger, em *Os conceitos fundamentais da metafísica: mundo, finitude, solidão*, parte de uma pergunta muito simples para chegar a essa formulação: "O que é mundo?". Se a pergunta é simples, a resposta não o é, e para respondê-la Heidegger lança mão de comparações entre objetos inanimados, animais e humanos em sua relação com o mundo. Para ele, uma pedra, como ser inanimado, é "sem mundo", pois como uma mera coisa, um ente material, ela seria essencialmente algo sem consciência de pertencer a um todo maior, não teria forma de acessar nada. Pedra é pedra, e isso não lhe causa dor, infortúnio ou prazer, pois essa é sua natureza como ser. Já um animal seria "pobre de mundo", pois o animal teria outro modo de ser, um meio-caminho, não chegando a ser consciente do todo, mas participante dele. Explicando como um epicurista, e não como Heidegger, um animal busca instintivamente evitar a dor e ter mais prazer. Isso não é uma atitude de um ser consciente, mas um instinto primal. Por isso o cachorro, se deixássemos, passaria o dia inteiro recebendo carinho do dono, comendo ou dormindo. Por fim, voltando ao filósofo alemão, o homem seria "formador de mundo", ou seja, existiria "no mundo", tendo consciência de ser, de intervir e de produzir realidades. Para Heidegger, e aqui chegamos ao ponto que nos interessa diretamente, o "ser no mundo" é uma condição solitária. Essa condição seria original: nascemos sós. Ao virmos ao mundo, rompemos nossa ligação com outro ser e passamos a vida sozinhos, atravessamos o rubicão, e a sorte está lançada para cada um de nós lidar com ela. Se por um lado enxergássemos essa condição basilar de solidão como uma maldição, não nos conformássemos com ela e tentássemos negá-la, nos tornaríamos seres inautênticos, seríamos estranhos a nós mesmos. Flutuaríamos ao redor de quem ou o que nos desse a ilusão de companhia, nos tornaríamos secundários em nossa própria existência. Por outro lado, se abraçássemos essa condição de solidão inata e essencial, seríamos autênticos e, portanto, livres. O preço da liberdade é a solidão com essência. Logo, a solidão é positiva, pois a liberdade é a única forma de existência em seu sentido mais pleno.

Não estou afirmando que os artistas que comentarei são discípulos de Heidegger, mas que o filósofo, em sua ideia de liberdade pautada na solidão como condição de existência humana, sintetizou muito do que se pensou sobre estar só desde pelo menos o século XIX. Em um estudo bastante interessante, a professora de literatura inglesa Amelia Worsley mapeou o surgimento da própria palavra solidão (*loneliness*) na língua de Shakespeare. Percebeu que, até o século XVII, a palavra quase nunca era usada. Quando o era, designava algo muito distinto do que concebemos hoje. Em um glossário de palavras pouco usadas, compilado em 1674 por John Ray, "solidão" é definida como estar "longe dos vizinhos". Ou seja, era condição física, um isolamento perigoso, pois indicava que alguém estava longe da proteção oferecida pelo grupo. Quando lemos o clássico de Milton *O paraíso perdido*, de 1667, deparamo-nos com uma das primeiras criaturas solitárias na literatura inglesa: o Demônio. Satã é descrito como aquele que dá "passos solitários" para fora do inferno, enquanto se direcionava ao Jardim do Éden para tentar Eva. Se lermos com atenção, veremos, como Worsley chamou atenção, que a solidão do Diabo não é uma condição psicológica, mas, sim, física: ele dá passos solitários, pois sai de seu terreno conhecido para andar onde nenhum anjo antes andara. Milton revela um demônio solitário, pois vulnerável.

Ao longo dos séculos seguintes, especialmente no movimento romântico, tanto na Europa quanto nas Américas, solidão se transformou de algo físico, uma condição de vulnerabilidade advinda do isolamento, em um sentimento, uma condição da mente. Poetas, escritores e artistas de toda espécie passaram a criar em função da solidão. A nova concepção de estar só era sinônimo de escapismo, uma escolha pessoal para que o indivíduo pudesse, conscientemente, fugir das angústias da vida em sociedade. A sociedade, especialmente a vida urbana, passa a ser vista como fútil e plena de relações pessoais superficiais. Lord Byron, descrevendo como poucos esse pessimismo, essa insatisfação com a vida, escreveu que "é na solidão que estamos menos sós". Não se elimina a ideia de que estar só envolve perigo, vulnerabilidade, mas esse é o preço da liberdade.

Mencionei há pouco o mito de Michelangelo solitário. Essa história foi criada a partir de fragmentos de documentação do próprio Renascimento e de muita imaginação do Romantismo. O mestre italiano se descrevia (e era descrito da mesma forma) como alguém quase louco, dado à melancolia (*pazzia*). Não tinha um ateliê fixo e, embora tenha treinado muitos pupilos, recusava outros tantos com muita frequência. Isso não quer dizer que era um lobo solitário, pois a rivalidade com jovens como Rafael, a admiração por outros artistas e as relações (por vezes bem tensas) com seus patronos o impeliram a uma vida de convívio. Criou competindo, estudando. Mas, no século XIX, em meio à reconfiguração que o Romantismo deu à ideia de solidão, Michelangelo teve essa lógica de criador solitário e excêntrico amplificada. Delacroix, por exemplo, criou um paradigma no velho mestre renascentista. Escreveu sua biografia, frequentava o Louvre para conhecer algumas de suas obras inacabadas, sonhava em visitar a Itália para ver suas obras-primas *in loco* e estudá-las em detalhes. Nunca conseguiu realizar essa viagem, mas se valeu de estudos publicados por outros eruditos para estudar cada detalhe de Michelangelo. Quando o jovem Delacroix traduziu um poema de Michelangelo ("Giunto è già 'l corso della vita mia"), escreveu as seguintes palavras sobre ele: "Procure a solidão. Se tua vida é regrada, tua saúde não sofrerá nada por tua retirada". O que atraia Delacroix ao velho artista era mais seu modo de vida do que propriamente suas técnicas.

Quando o pintou, numa pequena tela, imaginou Michelangelo em seu ateliê, emoldurado por duas de suas mais famosas esculturas, ainda que elas nunca tenham estado juntas na realidade: o *Moisés*, realizado em Roma para o túmulo do Papa Júlio II, e a *Madonna Medici*, executada em Florença, para a Sacristia Nova. Juntá-las arbitrariamente foi algo deliberado. A *Madonna* é um projeto inacabado e está até hoje comprimida em um bloco de pedra. O conjunto do sepulcro tomou quarenta anos de Michelangelo, projeto constantemente interrompido e nunca plenamente acabado por seu criador. No meio da cena, o escultor está sentado, solitário, cinzel no chão. Consumido pelo vazio, optando por não acabar seu trabalho por não o considerar digno.

Talvez o maior ícone da solidão romântica seja o *Viajante sobre o mar de névoa*, do pintor alemão Caspar David Friedrich. O óleo é de 1818 e se encontra no acervo da Kunsthalle de Hamburgo. Vemos um homem solitário, de costas para nós, apreciando uma paisagem alpina do topo de um pico rochoso. O solitário contemplativo está acima das nuvens, que se dissipam ou se concentram em áreas da pintura que estão abaixo de seus pés. Não é um nefelibata, mas alguém acima das nuvens. Quando algo irrompe do intenso nevoeiro abaixo, vemos pedras e mais picos. Abaixo das nuvens, o mistério. Friedrich deixa apenas à nossa imaginação a faculdade de pensar de onde partiu o homem e o que ele veria se as nuvens não estivessem ali. A sensação é de infinito, de reflexão pela contemplação. Quando examinamos mais de perto, percebemos que as roupas do solitário não são as de um alpinista. Logo, ele não deve estar tão alto assim, mas talvez em um prado perto de um rio sob intensa neblina. Impossível saber, impossível não tentar adivinhar. O homem no pico enevoado torna-se uma extensão de nós mesmos. Fomos convidados à tela sem perceber. O mistério e a delícia da contemplação solitária trazem inequívoco perigo (imagina torcer o pé sem ter ninguém por perto, longe de tudo? Pensemos num escorregão do personagem...), mas igualmente trazem liberdade. Estar só é condição para ser livre. Ali estamos menos sós.

Esse pessimismo com a vida comezinha e o desejo pela solidão libertadora atravessaram o século XIX e plasmaram-se no filme *Na natureza selvagem,* de Sean Penn (2007). A história é real. Um jovem norte-americano, Christopher McCandless, forma-se em história e antropologia e, influenciado por leituras de Henry David Thoreau e Tolstói, resolve romper com o mundo e queimar os navios. Doa todo o seu dinheiro para a caridade, abandona o carro, pais, amigos e, com pouco mais do que a roupa do corpo, alguns mantimentos, livros e uma espingarda (afinal, é mais difícil abandonar o gosto americano pela Segunda

Emenda), lança-se sem direção em busca de uma existência mais pura. Chega até o México. De lá, ruma para o Alasca. No meio da natureza selvagem, que dá título ao filme, morre enquanto morava num ônibus abandonado. A causa da morte é incerta, talvez inanição, talvez envenenamento por ter confundido uma planta comestível com outra venenosa. O filme aposta na segunda hipótese. A trilha sonora de Eddie Vedder dá voz e som ao espírito que Penn busca retratar na tela. O filme é a alegoria de um herói que nunca volta. A ruptura é mostrada por *flashbacks*, nos quais conhecemos uma família comum, mas com esqueletos no armário, mentiras como alicerce de uma existência hipócrita, materialista. A viagem é a descoberta de si à medida que se descobre o outro e a natureza. Alexander Supertramp, pseudônimo adotado por McCandless, faz amizades muito facilmente (e, sem pestanejar, as abandona), vive de bicos e desapega-se de tudo. O relógio de ouro usado pelo ator Emile Hirsch é o mesmo que ele entregou como forma de pagar a última carona que pegou. Ao entregar o relógio, estava livre. A parte final do filme, a descoberta, é um momento redentor e triste: Alexander redescobre a si, redimensiona os pais e amigos, lembrando-se também do amor que sentia por eles, escreve famélico e sofrendo alucinações sobre suas descobertas e morre com olhos abertos e marejados. Viver com olhos fechados; abri-los ainda que no último instante para ver o mundo e a verdade com ela é: eis o sublime ideal romântico da solidão contemplativa. A viagem era obviamente perigosa, mas era a solidão como condição para a liberdade. O filme teve tamanho impacto que pelo menos três pessoas já morreram tentando refazer os passos de McCandless por conta própria, e o ônibus em que ele faleceu no Alasca virou uma espécie de santuário visitado por muitos que o veem quase como um Iluminado.

Essa espécie de eremita moderno é mais comum do que imaginamos. O trabalho do fotógrafo russo Danila Tkachenko, em sua série *Escape*, é magistral nesse sentido. Viajando pela Rússia e pela Ucrânia, Tkachenko capturou a rotina de pessoas que fizeram o caminho de McCandless de forma menos impulsiva e romântica. Construíram refúgios para si, longe da sociedade. Vivem sob regras próprias, a quilômetros de distância de outros seres humanos. Pulverizam a ideia do Homem como ser necessariamente gregário e a sociedade e suas instituições (da família ao trabalho) como a única forma possível de nossa existência. A solidão de suas fotos é a solidão da liberdade em seu extremo, quase uma sobrevivência biológica. Mas, num segundo olhar, vemos que os modernos ermitões fugindo do mundo civilizado constroem casas, usam ferramentas, adaptam produtos industrializados ao seu demiúrgico cotidiano. É tentador pensar essa magnífica série como o reverso da moeda pintada por Edward Hopper. A solidão é um tema forte na vasta obra (embora ele mesmo tenha negado isso) desse artista norte-americano e é a que mais mexe comigo. Digo que é, anacronicamente, o reverso de Tkachenko, pois mostra que a solidão é a condição moderna, seja na cidade e sua multidão de gentes, cores e sons, seja fugindo para o meio do mato tentando reativar, romanticamente, a solidão contemplativa.

O quadro que sempre me chamou mais atenção é *Automat*, de 1927. Na era pré-internet, uma moça elegante e solitária é obrigada a conversar com sua xícara dentro de uma lanchonete. Doze anos depois, ele pintou a solidão da funcionária do cinema. A trabalhadora entediada com o local que, para os outros, é de lazer. A força dos quadros dele é algo impossível de descrever. Suas imagens carecem propositadamente de detalhes, como que nos convidando a preencher o que falta com nossa imaginação. Somos nós que devemos supor a razão de tanta solidão em meio ao caos urbano. São imagens de indivíduos sozinhos, seus olhos vazios a olhar por janelas ou vistos por uma janela. O vidro das janelas cria uma sensação de aquário, de barreira entre as pessoas. Mas, se não estivesse ali, estariam os retratos menos sozinhos? Parece-me que não. Há algo nas grandes cidades que repele o outro e me ensimesma. Perdido em minha própria solidão, ao lado da solidão da pessoa ao meu lado, a cidade desconecta as pessoas. Ao menos é assim que Hopper a pinta. A cidade não diminui a solidão: amplifica-a. As pessoas são ainda mais sozinhas quando ao lado de outras, anônimas, olhando suas bebidas, imersas em seus próprios problemas. A tela *Nighthawks* foi descrita pela escritora Joyce Carol Oates como a "mais pujante e incansavelmente replicada imagem da solidão americana". Essa cena icônica é simplesmente a cena de um jantar. Dentro de uma janela, vemos quatro figuras humanas iluminadas por luz amarela. Um cliente de costas, um casal e um atendente mais jovem. Ninguém conversa com ninguém dentro daquele restaurante. Nem sequer olham um para o outro (à exceção do garçom, que parece esperar ou atender um pedido). A questão que se põe: a solidão é anterior ao restaurante e ele apenas a contém ou serve de esperança de refúgio? Ou o restaurante provoca a solidão que vemos na tela?

A cidade pode nos deixar isolados, sem dúvida. Podemos reagir a isso com essa melancolia depressiva que vemos em Hopper ou com explosões de raiva. O clássico de Scorsese *Taxi driver: motorista de táxi* (1976) mostra-nos a dificuldade do retorno à selva urbana, a guerra do cotidiano. Veterano do Vietnã, Travis Bickle (interpretado por Robert De Niro no auge de sua forma) torna-se, como anuncia o título, motorista de táxi e circula sozinho pelas ruas de Nova York. Os anos 1970 abrem Hollywood à estética da violência e ao terror psicológico. O diretor foi feliz na combinação. De Niro constrói um Bickle de olhar vago, soturno, mesmerizado com a injustiça e as mazelas urbanas à sua volta: prostituição, espancamentos, roubos, preconceitos. O protagonista é um anti-herói, "o homem solitário de Deus", um misantropo genuíno. A personagem de Jodie Foster, uma prostituta de 12 anos, parece fazer tudo colapsar, e há uma explosão imensa de raiva mal contida. A solidão da cidade nos desequilibra, nesse caso.

A solidão provocada pela modernidade pode ter encontrado seu epítome em Hopper e no cinema *noir*, seu contemporâneo igualmente desconfiado da vida urbana, seus crimes e problemas. Pode ter achado seu auge na explosão do inconformismo raivoso do veterano do Vietnã de Scorsese: foi para isso que lutei na guerra? Há um rival à altura de ambos na fotografia de Dorothea Lange chamada *Migrant Mother* [Mãe migrante]. Mais um efeito da perversa solidão fruto das crises da sociedade moderna. O ano é 1936, a Grande Depressão assola o mundo. Florence Owens Thompson tinha apenas 32 anos e sete filhos famintos. Catadora de ervilha, perdeu o pouco que possuía e virou indigente na Califórnia, em estado que beirava a inanição. A rigor, não seria solidão, pois, na foto, ela está com três filhos (na série completa, vemos as demais crianças). Porém, a depressão econômica levou aquela mulher a morar nas ruas com os filhos. Esse é um momento de isolamento de um adulto, que não pode compartilhar a angústia com os pequenos nem contar com eles. Enfrentar a fome é um desafio; enfrentar a fome dos filhos é um desafio ainda maior. Mãe solitária e pobre em meio à depressão econômica: ela olha com melancolia para a frente, e os dois filhos maiores olham para trás, envergonhados ou com fome. As duas crianças e o bebê servem de moldura à mãe. A força dessa foto é impressionante. Tão forte que os meninos da imagem, quando adultos, contaram que Thompson, mesmo recuperada economicamente, sentiu-se estigmatizada durante toda a vida: tornara-se a cara da solidão e da desesperança dos anos 1930.

O cinema explorou a solidão das cidades sob óticas bastante singulares e interessantes. Sofia Coppola filmou *Encontros e desencontros* (2003), uma comédia dramática, ou um drama com traços cômicos, em que dois americanos se encontram na solidão de Tóquio. Bob é um artista decadente que está na cidade para filmar um comercial de uísque. Charlotte, muito mais jovem do que ele, acompanha o marido, John, um fotógrafo *workaholic*. Enquanto não se conhecem, passam lentas horas de tédio e incapacidade de comunicação. Não entendem cardápios e letreiros, não compreendem o idioma, os costumes. Desenraizamento, isolamento, identidade, solidão. Quando finalmente se conectam, da solidão brota uma espécie de amizade que faz o mundo se descortinar e se abrir em possiblidades.

Em 2013, *Ela*, de Spike Jonze, parece aglutinar todas as solidões da modernidade líquida urbana. Em uma vida hiperconectada, vivemos relações pessoais frouxas, carecemos de afeto. A cidade é um apinhado de gente, mas nela temos a maior de todas as sensações de isolamento. Tanta gente, não conheço ninguém: e quem se importa com isso? A solidão indiferente e a falta de conexão afetiva criam um absurdo absolutamente verossímil do ponto de vista da narrativa. Um escritor solitário, depois de uma desilusão amorosa, apaixona-se por um sistema operacional. Theodore se encanta por uma voz e pela personalidade (lembre-se que um programa não tem persona!) de Samantha, cuja voz é dublada por Scarlett Johansson, algo como a Siri dos *smartphones* atuais. Samantha é engraçada, intuitiva e seu algoritmo lembra o de nossas redes sociais: devolve cada vez mais aquilo que o usuário quer. Frágil, Theodore se enlaça com um não ser, um simulacro humano sem corpo. A amizade de ambos (?) cresce e vira amor. Pode Samantha amar Theodore? O contrário, para nosso deleite e terror, ocorre. A vida moderna tornou inviável amar outro humano e possível amar um sistema operacional. Terrível solidão. O filme *Medianeras: Buenos Aires da era do amor virtual* (Gustavo Taretto, 2011) também aponta no mesmo sentido de *Ela*, para o crescimento urbano desordenado, e aposta na tecnologia como causa desse vazio interno, desse deserto de relações na alma humana. Na Argentina ou nos Estados Unidos, o argumento é o mesmo:

a solidão no século XXI não é mais a busca sublime do *fugere urbem* (que vazou de Horácio ao Arcadismo e, dele, para o cinema contemporâneo, passando pelo Romantismo do XIX), a contemplação de Caspars Friedrich. Tornou-se uma doença, um distúrbio, algo a ser evitado. Amar uma não coisa, se voltarmos a Heidegger, pode nos tornar coisa, nos tornar dependentes de algo sem consciência. Renunciamos à nossa condição humana para ter um mínimo de conforto, pois a solidão deixa de ser condição para a liberdade e passa a ser ponto de partida para a doença, para a tristeza, para a melancolia.

Por fim, vale voltar à chama da vela. Precisamos terminar o capítulo lembrando de mais um poder da luz artística: seu poder xamânico, curativo. Alain de Botton tem uma frase muito feliz, quando raciocina sobre como o contato com a arte faz com que as pessoas se sintam menos solitárias: "Pessoas que vivessem o tempo todo felizes jamais iriam a uma livraria ou ouviriam música". Ou seja, a tristeza e a melancolia de nossos dias, a raiva e as explosões que temos, a desumanização de nossos dias líquidos podem ser diminuídas pela arte. A arte e a capacidade de amenizar a solidão, de nos fazer pensar, de nos aproximar e sentir. Como no delicado e cortante filme *A liberdade é azul* (Krzysztof Kieslowski, 1993), da *Trilogia das cores*. Um terrível acidente mata um pai e sua filha. Sozinha, a mãe, uma modelo famosa (Juliette Binoche), é levada às raias da loucura. Tenta o suicídio. Em desespero, a jovem recupera as músicas inacabadas do marido. Por meio da música e de tudo o que de memória ela contém, o interesse pela vida é lentamente retomado.

CAPÍTULO 6

As solitárias

Chegamos juntos ao capítulo final. Eu em minha solidão da escrita e você na de sua leitura. Talvez você esteja ao lado de alguém, mas sua ligação é, momentaneamente, maior com o livro em suas mãos do que com o seu entorno. Somos capazes de viver em grandes cidades e estarmos sós, interagir nas redes e não termos ninguém ao nosso lado. A solidão é cruel, e, por sabermos disso, criamos formas de punir por meio dela. Nesse mergulho derradeiro, tome fôlego. Veremos como é possível criarmos solitárias. Tanto aquelas em prisões, como outras, mais sutis, mas igualmente devastadoras. Criamos solitárias para os idosos, moribundos, presidiários, condenamos ao degredo ou ao exílio. Nossas celas solitárias são tão inventivas que somos capazes de estar profundamente sós ainda que ao lado de um cônjuge. Comecemos pelo fundo do mar: a solidão a dois.

Em meados dos anos 1980, um jovem chamado Cazuza escreveu os seguintes versos: "Solidão a dois de dia/ Faz calor, depois faz frio/ [...] Você sai de perto, eu penso em suicídio/ Mas no fundo eu nem ligo". A canção "Eu queria ter uma bomba" fez muito sucesso, e garanto que muitos leitores e leitoras que viveram aquela época (ou a ouviram depois) cantarolaram enquanto liam. A letra é universal: um casal entediado um com o outro. O reverso do amor romântico ou do sertanejo. Este último estilo quer a pessoa amada a todo custo. Falta a cara-metade, falta ar. Na música de Cazuza e Frejat, o relacionamento tem mais camadas. O protagonista está em uma relação na qual ver o cônjuge causa apneia. A solidão de quem canta é ampliada pela presença de quem é cantado. Quando realmente fica só, pensa em suicídio (mais tarde, na música, ele pensa em homicídio), mas, supremo do desprezo, no fundo não se importa. A solidão é completa com ou sem a pessoa.

Outro exemplo, mais atual. Em São Paulo, o Museu da Diversidade Sexual fez uma exposição entre 2017 e 2018 intitulada *Solidão* (curadoria de Duilio Ferronato e Eduardo Besen). Uma obra em particular, *Ausência 2*, de Daniel Melim, chama nossa atenção para o mesmo que Cazuza. É uma obra que mistura pintura e colagem sobre madeira, em grandes dimensões. Uma mulher sem cor, mas com traços nítidos, beija o contorno de um homem, com interior indefinido, vazio pintado de rosa. Um beijo, intimidade de um casal, mas a partir da ausência do outro. Ele está de corpo presente, há o beijo. Todavia, ao mesmo tempo, a mulher da obra está sozinha, ele também.

Quando escolhemos alguém para dividir a vida, entramos em terreno pantanoso. Se houve um dia em que padres e pastores celebravam casamentos atestando a indissolubilidade do ato aos olhos de Deus, hoje se tornou cada vez mais comum assistirmos a cerimônias em que os sacerdotes basicamente alertam os novos casais sobre como é difícil a vida a dois. Em ambos os casos, passado e presente, a preocupação era com o divórcio. Bem antes do divórcio há, contudo, a solidão a dois. As fórmulas para isso são infinitas.

A solidão, como vimos, é algo que pode ser benéfico, criativo e necessário. Dentro de qualquer relacionamento amoroso, é fundamental existir espaço para o indivíduo. Uma vida sem frestas, sem a possiblidade de existir de forma autônoma e independente pode ser a causa da falência de um casal. Por vezes, confundimos, por insegurança ou carência, a delícia de estar junto, do companheirismo, com a necessidade de só haver vida em casal e no casal. Fora dele, nada. Tudo a dois pode parecer lógico na paixão, que, naturalmente, é desequilíbrio. Uma vida apaixonada é uma existência ensandecida, impossível. Quando passa o efeito neuroquímico dessa primeira fase de um relacionamento, sobra o real de nós mesmos. Passamos a ter defeitos aos olhos do outro. Manias podem virar vícios; vícios podem erigir barreiras; barreiras criam celas solitárias. Como cantou Chico Buarque, se "rompi com o mundo, queimei meus navios", para onde podemos ir quando uma situação assim chega? Lidar com a autonomia do outro pode ser difícil ao ciumento, mas enclausurar alguém numa masmorra interna de medos e receios é certamente pior.

Queimar os navios: a metáfora de Chico remete à tradição da Eneida e do conquistador Cortés. Quando se queima o navio, impede-se o retorno. Só existe o caminho pela frente. Se fosse apenas um gesto de coragem, de determinação, todo relacionamento seria um sucesso reservado a ousados. Gente corajosa também enfrenta a separação, bem como quem jamais queimou nada e sempre manteve intactos os navios da sua individualidade.

O caminho para a mesma solitária pode ser outro. Calçado de insultos ou negligências, violência e agressividade, uma relação pode se estender por anos sem que as pessoas trilhem a mesma senda. No extremo oposto, o excesso de si, negando o outro e sua vontade, ainda que se faça isso sorrindo e entregando rosas, leva ao mesmo destino.

Um amigo me disse certa vez uma frase que escutara de seu psicólogo quando lhe contou que sua esposa estava grávida: "Filhos, em um casal saudável, são sinônimo de crise; em um casal que não vai bem, significam fim". A sentença é dura, mas certeira. Uma relação planejada a dois ganha outra ponta, e um triângulo amoroso se instaura. Outros filhos podem aparecer, e a relação ganha mais pontas. Um filho torna-se o favorito da mãe, outro, o do pai. Temos dois casais, e nenhum é o original. Os filhos crescem, saem de casa, instala-se a tão sabida síndrome do ninho vazio. Quantas vezes alguém se descobre olhando para um estranho com quem partilhou o leito por décadas? A solidão esteve ao lado por tantos anos...

Descrevi o roteiro de um casal que se amava e planejava filhos. Estes podem aparecer antes dos planos, antes do amor ou como forma de suprir um vazio que já estava lá antes mesmo da síndrome do ninho vazio. E a ruína de um relacionamento pode ser a ruína de si.

Condenamo-nos ao exílio, ao degredo em terras conhecidas e mais próximas do que gostaríamos.

No começo de uma relação, dizer que a alma gêmea não precisa falar nada porque te conhece com um simples olhar pode parecer virtude. Com o tempo, as não palavras podem virar silêncios que duram dias. O enfado previsível do outro. Sei o que ele vai dizer, sei o que ela fará antes mesmo que diga ou faça. Monotonia e previsibilidade são sintomas dessa solidão a dois. Outro é o amor apenas na distância. Amar intensamente a pessoa, desde que ela esteja longe. Por mensagens de celular, demonstrações públicas de carinho, o amor é impávido colosso. Tão logo a campainha toca, tudo o que era sólido se desmancha no ar. O único desejo é que nossa cara-metade suma, pois vivemos melhor sem ela. Se dedicação e entrega viram exigência e obrigação, podemos estar acompanhados, mas nossa condição é de solidão profunda. Abrir a boca para que, se isso gerará briga e (mais) rancor? Se estar sozinho pode ser bom, a solidão a dois é terrível, uma prisão autoimposta. Paradoxos da vida conjugal, vivemos numa solitária em companhia indesejável.

O casal nessa situação vive situações de solidão acompanhada em qualquer lugar. Vá a um restaurante e certamente encontrará pessoas assim. Estão sentadas uma diante da outra, mas não trocam palavras. Seguem sozinhas, comendo, vendo o cardápio, a TV ou o celular. Sim, essa situação existe desde que existem restaurantes e casais, mas se intensificou. Na verdade, os relacionamentos muitas vezes já começam sem um estar com o outro efetivamente. Estamos ao lado de, mas não com alguém.

Isso é sintoma de algo maior, da maneira como nos relacionamos com tudo e todos. Você conhece alguém que não conversa? Alguém que, no lugar de prestar atenção no tema, refletir sobre o que lhe é dito, de se pôr no lugar do outro, palestra sobre si próprio o tempo todo. Largos monólogos diante de outras pessoas. Há gente que tem amigos sobre os quais nada conhece, colegas de trabalho com quem nunca trocou palavras (porque não ouve, apenas fala). Pessoas assim são incapazes de se relacionar. Quando cansam de falar, enjoam da pessoa à frente. O casamento ou o namoro é apenas mais um capítulo na mesma forma ensimesmada de ver o mundo, um reflexo da solidão em tudo o que se faz. Se alguém assim encontra – por ironia – sua efetiva cara-metade, outra pessoa idêntica na incapacidade de se relacionar, uma solidão soma-se a outra. Temos dois solitários que não se ajudam. Aliás, se falamos em filhos: há quem os tenha apenas para assegurar-se de que não estará sozinho, de que assegura plateia para si... ledo engano. "Tanto eu quanto ela conhecemos a arte da reticência", resume de forma precisa a personagem Aldo, quando fala de seu relacionamento com a esposa, Vanda, no romance *Laços*, de Domenico Starnone.

As aparências enganam. Fiquemos atentos. Estar sozinho e bem requer maturidade e equilíbrio. Desequilibrados, inseguros e aqueles com vazios impreenchíveis na alma tremem diante da possibilidade de estar sem alguém do lado. Casais com muita vivência e equilibrados podem passar horas sozinhos. Um está ouvindo música, o outro, lendo. Podem passar horas sem se falar. Dias, semanas sem se ver, em viagem para destinos diferentes.

Quando estão juntos, todavia, estão um com o outro e um para o outro. Ligam para o outro, conversam, de verdade, com intimidade e cumplicidade. Adélia Prado, em seu poema "Casamento", escreve lindamente sobre isso quando nos diz da mulher que adora tirar as escamas dos peixes pescados pelo marido, junto dele, em silêncio, na cozinha: "É tão bom, só a gente sozinhos na cozinha,/ de vez em quando os cotovelos se esbarram,/ ele fala coisas como "este foi difícil"/ "prateou no ar dando rabanadas"/ e faz o gesto com a mão./ O silêncio de quando nos vimos a primeira vez/ atravessa a cozinha como um rio profundo". O casal fala pouco, mas está efetivamente junto. O texto termina dizendo que ambos deitam como noivo e noiva, após muito silêncio e companheirismo, a solidão do tempo em que um foi pescar e o outro esteve em casa. Trocando em miúdos, o problema não é estarem sozinhos ou o silêncio: é a falta de comunicação, a distância de almas. Em *Uma história íntima da humanidade*, Theodore Zeldin afirma, e concordo com ele, que, "tendo se libertado da generalização de que os humanos estão condenados a sofrer de solidão, pode-se assegurar: vire-se a solidão de cabeça para baixo e ela se transforma em aventura".

Em artigo de meu colega de *O Estado de S. Paulo* Fernando Reinach, descobri que as mudanças comportamentais que a solidão nos traz são causadas por um neuropeptídio, uma espécie de hormônio. Descobriu-se também o antídoto a essa pequena proteína de efeitos potencialmente devastadores. Ou seja, hoje conhecemos a molécula exata que provoca os sintomas da solidão e os estudos indicam que em breve poderemos ter um medicamento capaz de fazer desaparecer seus "sintomas". Reproduzo as perguntas de Reinach, pois são também as minhas: "Mas será que a existência dessa droga é uma boa notícia para os solitários do mundo? Não seria melhor curar a solidão interagindo com os amigos, a família e outras pessoas do convívio social? A solidão é um problema criado pela sociedade moderna. Será que ele deve ser resolvido com uma nova droga ou com uma mudança de comportamento?".

Tal coleção de questionamentos merece que a desdobremos em novas formas de solidão social, tão perniciosas quanto a solidão a dois. Afirmei várias vezes e volto a dizer: sempre houve solidão entre os humanos, mas, hoje, ela também é uma condição moderna. Pesquisas mostram que estar só é condição basilar de metade das pessoas com mais de 60 anos. Apenas para compararmos: quando nossa espécie vivia em estágios primitivos, o grupo e a interação dentro dele eram condições primordiais de existência. Se estivéssemos sós ou sem amparo, morreríamos. Crânios e mandíbulas pré-históricos de indivíduos idosos e sem dentes são escavados com razoável frequência. Não são pessoas que morreram logo depois de perder a dentição, mas após um longo tempo nessa condição. O que podemos provar com isso? Que essas pessoas precisavam de cuidados para serem alimentadas e isso exigia grupo, e não o isolamento do idoso.

Não é incomum que encontremos idosos em festas de família. O raro é encontrarmos essa pessoa perfeitamente enquadrada nas conversas da família. No geral, está sentada num canto, ouvindo os mais jovens ou nem isso. Foi levada ao encontro, mas não foi convidada a falar, não encontrou ninguém disposto a ouvir ou, depois de um tempo em que a situação se repete, ela própria talvez nem queira mais falar. O mundo que nos formou morre antes de nós. Quando nos tornamos velhos, nossas referências de mundo já caducaram. Alguém com 90 anos ouviu Carmen Miranda na infância. Com quem conversa sobre isso numa festa apenas com pessoas mais jovens? O idoso é isolado. Sua solidão pode ser no meio de muita gente e funcionar como uma solitária social.

Se a média, como afirmei, é que um em cada dois anciãos vivam esse tipo de solidão, uma pesquisa britânica (feita pela Age UK Oxfordshire, Counsel and Care, Independent Age e WRVS) atestou que um em cada dez idosos britânicos sofre de solidão intensa. Isso quer dizer que nem frequenta mais encontros familiares em que ninguém vai ouvi-lo. Solidão intensa é quando não se sai mais de casa, não se interage. Aumenta-se, com isso, o risco de depressão, de doenças degenerativas físicas (pela falta de movimento) ou de Alzheimer. A mesma pesquisa revelou que apenas 20% das famílias tinham consciência de que a situação de isolamento de seus membros mais velhos causava-lhes problemas de saúde mental e física. Não sei o que acho mais estarrecedor: os muitos que não percebem o óbvio ou os poucos que, conscientemente, dão de ombros à situação. Diante do fato de que a população brasileira está envelhecendo, como viveremos essa realidade que nos bate à porta? Vale lembrar que a Organização Mundial da Saúde classifica a solidão como fator de risco maior que o tabagismo e tão grande quanto a obesidade para a saúde humana. Somente na Europa, mais da metade dos idosos com mais de 75 anos mora sozinha. Isso, em si, não é problema, apenas sinal dos tempos, pois muitos desses idosos estão bem com a situação e o fazem por opção. Mas outros tantos estão em quadros de solidão intensa devido à dispersão de seus familiares.

É claro que os modelos de família mudaram e que a rotina das pessoas e sua falta de formação específica podem levá-las a terceirizar cuidados com os mais velhos (assim como muitas vezes fazemos com os mais novos também). Não há problemas nisso e, na verdade, quem consegue pagar por bons cuidadores pode estar em caminho certo. Mas temos que entrecruzar essa afirmação com uma lógica de classe e gênero. Pessoas que não podem pagar por cuidados com os idosos da família fazem o quê? Outro ponto: normalmente são as mulheres de uma família as que, mais uma vez, ficam encarregadas desses cuidados. Gera-se um peso excessivo a determinados familiares por ainda acreditarmos numa divisão interna injusta de papéis. Levantamento feito com idosos com vida social no Brasil demonstrou que, para quase 80% dos entrevistados, a pessoa mais significativa de sua vida era um familiar que não o cônjuge, sobretudo filhas e netas.

Cynthia A. Sarti, do Centro de Estudos em Saúde Coletiva da Unifesp/EPM, uma estudiosa do assunto, escreveu que idosos precisam "ser ouvidos. Isto implica pensar os idosos como sujeitos não apenas de direitos, mas também de desejo". Talvez esse seja o maior ponto a se considerar, uma vez que todos nós, salvo infortúnio da vida, chegaremos lá: como gostaríamos de ser tratados e qual o limite da solidão que teremos?

Se nosso mundo de referências formativas se vai antes de nós, se olhar um álbum de fotografias (ou velhas fotos digitalizadas num álbum eletrônico) é como mirar um obituário, inevitavelmente a proximidade de minha morte se torna concreta. A solidão do idoso assemelha-se, nesse caso, à solidão dos moribundos. Esse é o título de um estudo de Norbert Elias sobre como lidamos com a morte em nossos tempos (lembrando que o autor o escreveu na década de 1980). O estudioso fala sobre a própria velhice, pois tinha 85 anos quando terminou o texto, e sobre a dificuldade dos mais jovens para entender os mais velhos. Ele narra um episódio de quando, no início da carreira estudantil, assistiu a uma palestra de um senhor que tinha dificuldade de locomoção e se perguntou: "Por que ele arrasta os pés assim? Por que não pode caminhar como um ser humano normal? Não pode evitar, é muito velho". O interessante é notar a associação de normal a juventude, vigor físico e distância da morte e velhice a uma condição de decrepitude, proximidade do fim, anormalidade. A própria tese do autor passa pelo argumento de que, em outras épocas, a morte era algo mais cotidiana e comezinha. Falava-se mais em morrer, a expectativa de vida era na casa de 40 anos. Yuval Harari, em *Sapiens*, traz dados nesse sentido, mostrando como a morte estava associada muito mais à infância, a doenças, do que, necessariamente, à velhice. Na Inglaterra do século XVII, 150 de cada mil recém-nascidos morriam no primeiro ano de vida, e um terço das crianças antes de completar 15 anos. Hoje em dia cinco em cada mil bebês ingleses morrem no primeiro ano de vida, e sete em cada mil antes de completar 15 anos. Ele nos lembra do caso de uma família privilegiada da Idade Média, o casal Eduardo I e Leonor, monarcas ingleses. Viveram o casamento mais próspero e saudável que a Europa medieval podia proporcionar. Tiveram dezesseis filhos entre 1255 e 1284, dos quais dez (62%) morreram durante a infância; apenas seis conseguiram viver além dos 11 anos, e três (18%!) viveram mais de 40. "Em média, Eduardo e Leonor perderam um filho a cada três anos, dez filhos um após outro", conclui Harari.

Muito mudou desde o século XIII. A medicina, o saneamento básico, a melhoria na alimentação e uma série de outros fatores expandiram a quantidade de tempo de vida. Ferimentos e doenças fatais em outras épocas são café-pequeno nos dias de hoje. Como não me canso de pensar, um homem genial como Étienne de la Boétie morreu como o rei santo Luís de França ou como o pirata e homem mais rico de sua época, Francis Drake: de diarreia. Um simples tratamento com repositores de flora intestinal e uma boa hidratação com soro poderia ter salvado quantas vidas. Consequência: o fato de que morre-se com idade mais avançada deu aos jovens a ideia de que são imortais e que morrer é coisa de velhos. Voltando a Elias: já velho quando escreveu *A solidão dos moribundos*, e perfeitamente ativo, nadando todos os dias e com boa desenvoltura física e mental, qual a pergunta que mais ouvia? "Como você ainda consegue se manter saudável? Na sua idade? Você ainda nada?" Concluía o estudioso: "Sinto-me um equilibrista, familiarizado com os riscos de seu modo de vida e razoavelmente certo de que alcançará a escada na outra ponta da corda, voltando tranquilamente a seu devido tempo. Mas as pessoas que assistem a isso de baixo sabem que ele pode cair a qualquer momento e o contemplam excitadas e um tanto assustadas". Juventude, ilusão de imortalidade e vigor infinito, individualização criaram em nós a ideia (não necessariamente natural) de que a experiência da morte seria um estágio final de um processo natural ordenado, no qual a velhice pode ser postergada, evitada, até. Logo, alguém velho é um espelho do que não quero encarar, da finitude, da morte. Não é à toa a solidão que se impõe aos idosos em asilos, casas de repouso, suas próprias casas. Sua perda de performance, sua falta de ligação com o mundo como ele é são naturalizadas e alimentadas. O idoso torna-se aquilo que não quero de forma alguma: o indício de seu próprio fim.

Nos anos 1980, Elias já falava no *Homo clausus*, um Homem fechado em seu mundo interno, apartado do mundo externo. Se o sentido é algo histórico e social, criamos a ilusão de que alguém pode ser exclusivo e único, sentir a partir de um resultado permanente de autocontrole e de um processo de individuação social. Bloqueamos afetos e impulsos naturais (homem não chora, mulher não ri alto etc.). Produzimos, segundo o sociólogo, sentimentos de solidão e isolamento emocional. Soma-se a essa lógica a ideia de que somos regidos pela noção de performance e pelo mundo do trabalho. Como a morte e a velhice se tornaram um transtorno a ser controlado e evitado, um problema à vida produtiva que define nossa identidade contemporânea, o moribundo ou o velho são fontes de constrangimento. Muitos nessas situações incorporam esse embaraço, o que explicaria seu isolamento, suas celas solitárias. Cuidados com eles são, portanto, terceirizados a hospitais, com suas normas e regras terríveis do ponto de vista da humanização. Eliane Brum, escrevendo sobre a morte de seu pai e tendo acompanhado desde 2008 o sistema de cuidados e rotinas hospitalares, deixa isso claro: "Somos seres que morrem, isso não podemos evitar. Somos seres que perdem aqueles que amam, e isso também não podemos evitar. Mas há algo aterrador que persiste, e isso podemos evitar. E, mais do que evitar, combater. É preciso que os mortos por causas não violentas cessem de morrer violentamente dentro dos hospitais. [...] Quando tudo acaba, não somos apenas pessoas que precisam elaborar o luto de algo doloroso, mas natural. O sistema médico-hospitalar faz de nós violentados. Não há apenas luto, mas trauma".

Em hospitais, morremos silenciosamente, do jeito que se espera hoje em dia, higienicamente. Lá, citando Elias mais uma vez, "o cuidado com as pessoas às vezes fica muito defasado em relação ao cuidado com seus órgãos".

A série trágica que Flávio de Carvalho pintou da mãe agonizando traz uma dupla solidão. A morte da mãe e o testemunho do filho, uma com a dor da doença e outro com a dor da perda. Nada pode ser acrescentado. Era o ano de 1947, o câncer de Ophélia não tinha nenhum remédio e o filho artista não podia emitir opinião sensata, racional ou resignada. Tomou de papel e registrou a cena. O resultado é uma comunicação solitária, pungente e que até hoje abala cada fibra do meu coração quando vejo os originais. Ele usou carvão sobre papel, o preto no branco, a realidade e a arte, a vida e a morte, os opostos que tecem nossa mais arriscada aventura no momento do ponto sem retorno, do ponto-final, do epílogo, do destino inevitável da humanidade. Todo momento de solidão de dona Ophélia de Carvalho era resumido naquele abril de 1947: as pequenas solidões tinham chegado à grande solidão da morte. Será esse o motivo de quase todos mostrarem certo horror à solidão, pois ela antecipa o fim? Consolo da arte: daquele quarto de um estertor desesperado, emerge uma coleção de imagens que rompem a solidão da mão moribunda e, pela mão da arte, chega a nós, trazendo o grau do terrível que desdenha destruir-nos, como Rilke definiu o belo. Suprema contradição: ao compartilhar uma experiência comum a todos que nos precederam no planeta, ao viver a morte em comunhão com milhões de outros seres humanos que das cavernas ao espaço tiveram o mesmo destino, sentimos isolamento total no maior momento de entrega ao humano universal. É, de fato, o belo terrível, indesejado, inevitável e avassalador que só pode encontrar uma única linguagem: a arte.

A morte é uma imensa cela solitária construída pela biologia inevitável. Vamos ampliar. Fora do destino biológico, como criamos e impomos situações de solidão?

De uma solidão não voluntária e tampouco saudável e criativa. Falo de uma solidão social que chamei de cela solitária, pois lá confinamos e somos confinados. No relacionamento, criamos jaulas de silêncio e, por vezes, vivemos lá por toda a existência. No fim dela, a velhice e a proximidade da morte trazem mais vida insular, um verdadeiro abandono. Podíamos inferir que tais comportamentos são frutos de processos históricos, culturais. Vamos além e pensemos quando a imposição da solidão se torna algo normativo, legal. Punimos com a solitária. Já tangenciei a questão ao falar do isolamento e da desumanização hospitalar ou em casas de repouso. Se fosse caminhar – e talvez devesse – para as mazelas socioeconômicas, poderíamos falar da solidão de quem vive nas ruas, embaixo de pontes e marquises. Vou para o sistema prisional, punitivo e de sanções, porém.

Comecemos pelo óbvio. Reinach lembra-nos de que "a punição para quem já está preso é a solitária. Não é para menos: somos animais sociais e a ausência de convivência com outros seres humanos é extremamente penosa. Ela provoca depressão, aumenta a agressividade, facilita o aparecimento de doenças e pode levar ao suicídio". Mas quero pensar antes da solitária em si, para depois falar dela. Por que e quando começamos a prender as pessoas como fazemos hoje?

Desde a Antiguidade até o século XVII ou XVIII, a prisão não era a pena mais óbvia aos criminosos. Punições pecuniárias, castigos corporais e a pena de morte constituíam a base dos sistemas penais europeus (e foram exportados para as Américas). Prender uma pessoa tinha papel mais preventivo que punitivo. Associava-se crime a pecado, logo, comportamentos viciados eram preventivamente presos com receio de que viessem a praticar crimes graves. Um bêbado era "recolhido" antes que cometesse um crime, por exemplo. Era o tempo das "casas de correção", surgidas em lugares com Holanda e Inglaterra, que combinavam assistência social aos desfavorecidos e pobres a trabalhos forçados e correção penal, reunindo numa mesma instituição criminosos, mendigos, prostitutas, órfãos, doentes mentais e outros vistos como párias. A partir do século XVI, uma pequena mudança aconteceu, e as prisões passaram a ser cada vez mais administradas por carcereiros particulares que deviam ser pagos pelos próprios condenados. Logo, pessoas ricas e nobres tinham uma vida na prisão com certo conforto, ao passo que a maioria mais pobre vivia em condições lastimáveis em masmorras abarrotadas. Não havia separação por delitos, idade e, em alguns casos, nem sequer gênero. Durante o Século das Luzes, diante dessa condição de penúria, outras sensibilidades passaram a ser exigidas, e vimos ocorrer uma série de reformas na legislação penal, modificando as formas de punir. Michel Foucault, em *Vigiar e punir*, relaciona o surgimento das modernas prisões à reforma penitenciária nos Estados Unidos no fim do século XVIII e início do XIX. Até então, punir alguém podia ser (e quase sempre era) um espetáculo público, com a utilização de métodos de execução que passaram a ser considerados bárbaros. A guilhotina foi criada nessa lógica, como uma forma de matar rápido e sem dor o condenado. Mais além, a praça pública deixou de ser palco da punição, e, nesse sentido, as prisões se tornaram local de punir por excelência. A privação da liberdade e as tentativas de correção passaram a dar a tônica. Penas de morte ou torturas, admitidas em casos de crimes violentos ou pecaminosos em excesso (como a traição), ainda eram admitidas, mas então dentro do sistema prisional. A nova lógica buscava punir por encarceramento e expiar a culpa por meio da reflexão solitária. Foucault conclui que trocamos a punição pela marca no corpo por uma forma de controle sobre o corpo, treinando-o, recondicionando-o para salvar sua alma, sede dos hábitos e chave da Salvação. Deixamos de querer castigar pelo crime para adotarmos uma lógica de salvar a consciência de cada indivíduo por meio do recondicionamento do corpo e da solidão da reclusão. Ou seja, prender alguém, privando-o de sua liberdade e da interação com outras pessoas, como forma de punir é algo razoavelmente recente em nossa história.

As grandes reformas surgiram com os livros de John Howard (*O estado das prisões na Inglaterra e o País de Gales*) e Jeremias Bentham (*Teoria das penas e das recompensas*), além da criação e da reforma do sistema prisional de Nova York no século XIX. Howard, na fundação do país, propôs uma ampla reforma prisional cuja base seria o isolamento do condenado durante o noturno (reclusão noturna), impondo-lhe trabalho, instrução moral e religiosa, separando as pessoas por classificação de crimes. Pregava prisões com condições de higiene e alimentação adequada, rompendo com a lógica das masmorras. Bentham formulou o Sistema do Panóptico, tão estudado por Foucault no livro já citado. Tratava-se de uma proposta arquitetônica revolucionária para os prédios das prisões. A ideia era fazer dois edifícios na forma de cilindros concêntricos, ambos divididos em vários planos (ou alas). No cilindro interno ficariam, sem serem vistos pelos presos, os carcereiros, e no externo os condenados, arranjados em celas unitárias, separados por classificação criminal. Bentham também sugeria a educação profissional e a aplicação excepcional de castigos disciplinares físicos (leia: tortura).

Os dois livros foram amplamente lidos e debatidos. Com o incentivo da ampla comunidade quaker, a Filadélfia adotou essas propostas. Desde sua fundação, pelo ex-prisioneiro William Penn, líder *quaker*, a Pensilvânia buscava adotar a privação da liberdade e os trabalhos forçados como pena basal, preferindo esses castigos aos corporais, mutilações e pena de morte. Penn viu toda sorte de "corrupção e pecados" na prisão, como homens e mulheres juntos, criminosos perigosos ao lado de outros com pouca periculosidade, subornos e esquemas envolvendo carcereiros e condenados. Quis desde o início de sua colônia moralizar isso, repudiando o pecado e a violência, adotando o modelo holandês das casas de correção.

Desde 1786, a Pensilvânia fez prisões seguindo os preceitos de Bentham e Howard (embora a primeira arquitetonicamente construída como um panóptico seja de 1829). Com o crescimento da população carcerária, no século XIX, o estado construiu penitenciárias maiores, nas quais o regime celular com trabalho no interior da cela passou a ser o modelo. O próprio termo "penitenciária" substituiu "prisão" como nomenclatura do sistema.

De acordo com Tatiana Maria Badaró Baptista, o novo termo servia para designar "o lugar onde delito e pecado podiam ser expiados mediante trabalho solitário, meditação e comunhão com Deus [... incorporando] muitas das especificidades do sistema celular decorrem da identificação feita pela ideologia quaker entre crime e pecado".

De alguma maneira, a solidão e o isolamento vieram como decorrência desse novo sistema, pois se prescrevia que o criminoso ficasse em sua cela 24 horas por dia durante toda a sua pena, longa ou curta. Dentro do confinamento, o condenado deveria ficar em silêncio, meditando, orando, buscando salvar sua alma e reabilitá-la à sociedade. O exame de consciência viria por meio da solidão absoluta. Admitiu-se, com o tempo, o trabalho artesanal na própria cela, pois se percebeu que muitos enlouqueciam ou se suicidavam diante da modorrenta monotonia.

Mais ao norte, em Nova York, a penitenciária de Auburn foi inaugurada em 1818, adotando o sistema filadélfico com modificações. As celas eram pequenas e escuras, e os prisioneiros, divididos entre os considerados incorrigíveis (mantidos em isolamento), os menos incorrigíveis (isolados três dias por semana) e os mais jovens e de menor periculosidade (a quem se permitia o trabalho em conjunto todos os dias). Em menos de dois anos, Auburn somava cinco assassinatos e um louco furioso: algo não ia bem. Em 1823, o capitão Elam Lynds, um homem implacável e que achava que os presos eram todos sub-humanos selvagens incorrigíveis, assume a direção. Com sua experiência em Auburn, funda a penitenciária de Sing Sing, inaugurada em 1828. Lynds implementou a solidão como regra para punir. Trabalho em comum na construção de ferrovias ou caldeiras e absoluto silêncio durante o dia. Os presos não tinham direito a distrações ou visitas. A lógica era a de que um corpo cansado, obediente e submisso não recairia em pecado e crime. Um menor número de guardas podia controlar, dessa forma, um maior número de presos, barateando custos do sistema prisional. Logo, fábricas levaram seus equipamentos para dentro das prisões e usavam a mão de obra dos detidos para seus produtos. Trabalhando, os encarcerados geravam lucros a companhias, empresas e ao Estado. Tudo parecia ir bem, não?

No novo sistema, práticas próprias de padronização fabril e militar surgiram: uso de uniformes, cabelos e barbas raspados, marchas em fila indiana, horários rígidos, hierarquia e obediência. Esse modelo segue vivo e forte até os dias atuais. Não à toa, Dostoiévski escreveu *Recordações da casa dos mortos* baseado em sua tenebrosa experiência na prisão russa. Ele se envolvera no Círculo Petrashevski, grupo literário russo que havia sido banido por Nicolau I, que o considerava subversivo e ligado aos levantes liberais de 1848. Acusado de conspirar contra o czar, foi preso em 1849 e condenado à morte por fuzilamento. Teve a pena comutada por prisão perpétua e foi mandado à Sibéria, onde ficou por quatro anos. A prisão de Omsk foi repaginada nos escritos de *Recordações da casa dos mortos*.

Sabemos hoje em dia que o isolamento do preso não contribui em nada para sua ressocialização e para sua saúde moral e psicológica. Em 2009, por exemplo, a Anistia Internacional pediu a suspensão imediata da execução de todas as penas capitais no Japão. O problema não era a pena de morte em si, mas o fato de a lei japonesa exigir que o condenado vivesse em regime de isolamento, o que estava provocando insanidade em quem estava no "corredor da morte". Esse isolamento incluía silêncio absoluto e presos sentados sem poder se mexer em suas celas (excetuando algumas sessões de exercícios semanais). Mesmo diante de casos como esse, a "reclusão celular", termo técnico para a prisão em celas de moldes no século XIX, persiste até a atualidade em quase todo o mundo.

Dentro desse sistema criado, como vimos, para o isolamento, ainda há um castigo a mais: o uso das "solitárias". No Brasil, a Lei de Execuções Penais prevê essa pena como sanção disciplinar; ou seja, se alguém tiver mau comportamento ou cometer uma falta grave durante a pena, o isolamento em cela individual (ou em outro local apropriado) é permitido. Proíbe-se que a cela solitária seja escura, surda ou cela forte (artigo 45, §2º, e 52, inciso II, da Lei nº 7.210/1984). Ainda que essa lei fosse observada estritamente (o que sabemos não ser a regra), condenar à solidão dentro do isolamento (da sociedade, da família, amigos etc.) é algo a ser pensado.

Usamos tal punição justamente porque sabemos que ela é radicalmente contrária à natureza humana. Somos seres gregários, e a solidão em definitivo, ou o isolamento, comprovadamente causa danos à saúde psíquica. São mapeadas as chamadas "psicoses de prisão". As críticas a esse sistema punitivo datam também do século XIX que o criou, pois loucura, depressão, desespero e suicídio sempre o acompanharam. Mesmo o argumento da ressocialização é falho, uma vez que, "caso sobrevivesse ao isolamento, o preso retornava à sociedade mais marginalizado e desajustado do que havia ingressado no cárcere", afirma Tatiana Baptista, baseando-se em pesquisas com dados acumulados desde os anos 1970.

Alexis de Tocqueville visitou os Estados Unidos nos anos 1830 para estudar o sistema prisional novo que ali havia. Escreveu que o confinamento em solitárias era um castigo que "devora vítimas incessantemente e sem piedade". Charles Dickens, relatando suas opiniões sobre o sistema prisional da Pensilvânia, que ele conhecera em suas viagens à América, escreveu que "manipular devagar e diariamente os mistérios do cérebro pode ser imensamente pior do que qualquer tortura no corpo". Na Dinamarca, dados oficiais captados entre 1870 e 1920 foram analisados, e a conclusão foi a mesma: quando em longos períodos de isolamento, os presos desenvolviam doenças mentais. A Suprema Corte dos Estados Unidos também se pronunciou sobre o assunto em 1890, atestando o que os médicos diziam: o confinamento em solitárias realmente produz uma redução nas capacidades físicas e mentais.

No último meio século, as discussões sobre o confinamento em solitárias se sofisticaram muito. Defensores do sistema alegam que é necessário, especialmente diante de presos "marcados para morrer" pelo grupo ou para aqueles que são extremamente perigosos. Se não forem isolados, o que fazer? Por outro lado, é patente que o isolamento, em si, não traz ganho algum à recuperação e é danoso à saúde. Gradações de solitária foram criadas na Europa, que considera o isolamento completo, incluindo sensorial, acústico e de luz, como uma forma de tortura. Países como a Itália ainda usam em razoável escala; os Estados Unidos, em larga escala; ao passo que a Inglaterra praticamente não utiliza mais.

Quando digo larga escala para os Estados Unidos e pequena para a Inglaterra, vale citar números. O país britânico usou o sistema para quarenta presos, em 2004, numa população carcerária de 75 mil pessoas (somando a do País de Gales). Em 2012, um relatório do Gabinete de Estatísticas da Justiça norte-americano falava que mais de 81 mil prisioneiros eram mantidos em solitária. Além disso, estudos mostram uma maioria de negros aprisionada nesse esquema. O caso extremo é o de Herman Wallace, que permaneceu 41 anos em confinamento solitário. Ele foi preso no início dos anos 1970, envolvido em atividades irregulares. Fugiu, entrou para o Panteras Negras e foi novamente capturado e preso. Na cadeia, foi acusado da morte de um guarda. Como punição, foi levado a viver numa cela de 6 metros quadrados. Em tratamento de um câncer, foi solto. O crime nunca ficou comprovado.

O caso de Wallace pode ser extremo, mas é comum. Um estudo feito desde 1993 pelo psicólogo Craig Haney resultou em dados estarrecedores. Ele visitou uma *supermax*, um novo tipo de prisão de segurança máxima, chamada Pelican Bay, para estudar os efeitos psicológicos do isolamento. Voltou vinte anos depois e viu que muitos dos entrevistados originais continuavam em solitárias. Foi a primeira análise sistemática sobre presos isolados do contato humano normal durante grande parte de sua vida adulta. Os presos na unidade de isolamento não estão autorizados a fazer telefonemas pessoais, e o contato físico durante as visitas também é proibido. Estão lá não por seus crimes originais, mas por um suposto envolvimento com quadrilhas, o que, na lei da Califórnia, é motivo para solitária. Alguns nunca receberam visitas. Prisioneiros desorientados começaram a questionar sua própria existência e a falar sozinhos ou não querer sair das celas. As celas, sem janelas, são de concreto e têm 2,3 por 3,5 metros. Os mais conservadores poderiam argumentar que não são gente boa, por isso, estão presos. Ainda que esse argumento fosse válido, não se aplica: Stephen Slevin ficou dois anos confinado em isolamento no Novo México após ser pego dirigindo bêbado. Extraiu seus próprios dentes na solitária após ter tratamento odontológico negado. Ganhou ação na justiça e recebeu 22 milhões de dólares de indenização.

O filme *O segredo dos seus olhos* (Juan José Campanella, 2009), também explorado no estudo de Baptista, narra uma história terrível de vingança. Para punir um homem que violentou e assassinou sua esposa, o personagem central (interpretado por Ricardo Darín) prende o malfeitor e o isola. Diante da punição pela solidão, o bandido termina dizendo: "Por favor, peça a ele que ao menos fale comigo". Ao menos fale, ao menos se comunique, pelo menos impeça a solitária radical e total. Aceito as grades, repudio o silêncio. Nada mais humano do que a frase dita pelo encarcerado.

Por fim, resta-nos pensar sobre uma última forma de punir com a solidão. No caso da solitária, a privação do contato com outros seres humanos se dá vetando, em casos extremos, qualquer comunicação, o direito de se mexer, de ver a luz do dia. No caso que nos cabe agora, o desenraizamento é a punição. Trata-se da expatriação, do degredo, do exílio, do banimento. John Simpson escreveu que "a experiência definidora do exílio é ser arrancado do lugar, da família, de todo o agradável e familiar, e pela força ser lançado em um mundo frio e hostil, seja porque o agente da expulsão fosse um anjo de Deus ou a NKVD de Stálin. A palavra em si abrange conotações de dor e de alienação, da entrega da pessoa à angustiante força de anos de infrutífera espera. Foi Victor Hugo quem afirmou que o exílio é 'um longo sonho de [retorno à] casa'".

Há registros claros de práticas dessa natureza desde a Grécia antiga, pelo menos. Lá, o ostracismo e o exílio eram previstos desde a ascensão das reformas democráticas, ainda nos tempos do legislador Dracon. A primeira pena era eminentemente política e restringia-se a um período de dez anos nos quais o cidadão punido pela Assembleia popular perdia os direitos políticos e tinha que se retirar da cidade de Atenas. O exílio era mais duro e podia ser autoimposto (quando o acusado jurava não mais voltar diante de uma probabilidade de ser punido com a morte, por exemplo) ou imposto por um tribunal por força de lei. Neste caso, era perpétuo e infamante. O condenado ao exílio perdia todos os seus bens, confiscados pela cidade-estado.

Os romanos também conheceram o autoexílio e praticaram formas mais extremas de banimento. A interdição *aquae et ignis* (de água e de fogo) era severa: a expulsão significava morte civil, a perda de todos os direitos de cidadão, logo da dignidade do condenado. Podia ser agravada com a punição "das cabeças": se encontrado por qualquer cidadão, este seria recompensado pela morte do exilado. Augusto reformou as penas e estabeleceu a deportação e a relegação. A primeira era uma repaginação do *aquae et ignis*, estabelecendo destinos em ilhas do mar Egeu ou regiões remotas da África e Ásia. Já a relegação podia ter caráter temporário e, sendo uma pena mais branda, não implicava nem em morte civil, nem em confisco de bens. Por um período estipulado na sentença, o relegado tinha que se retirar do local de seu crime, podendo voltar ao final e sem sua morte civil decretada. Na Idade Moderna, com impérios ultramarinos enormes, as potências europeias reativaram e reformaram muitas dessas categorias clássicas. Os códigos legais lusitanos previam o banimento (para foragidos da justiça), o desterro (que obrigava o condenado a sair do lugar onde cometeu o crime) e o degredo (quando o lugar de destino era uma região limítrofe, uma possessão ultramarina depois do século XV). Também se condenava ao degredo nas galés, prática temível e antiga só extinta no final do século XIX. Mas o degredo para regiões remotas durou até 1932, para casos de banimento da metrópole, e 1954, para expatriações entre territórios coloniais, sendo Angola o último baluarte dessa punição que existiu por mais de setecentos anos em Portugal.

A Declaração Universal dos Direitos Humanos, de 1948, prevê em seu artigo 9º que: "Ninguém será submetido à prisão, detenção ou exílio arbitrário". Mesmo assim o exílio, ou autoexílio, marcou a segunda metade do século XX. E, no caso brasileiro, uma longa tradição pareceu apenas ganhar reforço diante de uma centúria de governos democráticos sendo alternados por governos autoritários. Livramo-nos do estatuto colonial com um exílio: D. João VI e a corte vieram para cá em 1808 e promulgaram o Brasil como Reino Unido; proclamamos a República, condenando Pedro II ao exílio na França.

Chico Buarque passou pouco mais de um ano na França e na Itália durante o regime militar. Caetano Veloso e Gilberto Gil viveram exilados na Inglaterra. Fernando Henrique Cardoso viveu na China. José Serra, no Chile. Brizola, no Uruguai e nos Estados Unidos. João Goulart, no Uruguai. Luís Carlos Prestes, na Bolívia e na União Soviética. A lista não tem fim nem filiação política clara.

Ao longo da história, não só pessoas foram condenadas ao exílio, mas nações e governos inteiros. O Tibete é um governo que só existe fora de seu lugar de origem. A Armênia, entre os séculos XI e XIV, diante da invasão dos turcos seljúcidas, exilou-se na Cilícia. Casos assim ganham o nome de diáspora, sendo a mais famosa a dos judeus, descrita na Bíblia, deportados primeiro pelos babilônicos e, depois, pelos romanos após a destruição do segundo templo, em 70 d.C. As diásporas judaicas tornaram-se caso paradigmático. Hoje falamos na diáspora africana para nos referirmos aos brutais anos de tráfico negreiro. Uma diáspora polonesa levou imensos contingentes populacionais para a França e os Estados Unidos. Tártaros da Crimeia foram forçados a se retirar para a Ásia Central em 1944, processo baseado em limpeza étnica.

O terrível do desterro é a sensação de perder a identidade ou formar uma nova que parece estar sempre fora do lugar, para usar a expressão de Edward Said, intelectual palestino que fez carreira como autoexilado nos Estados Unidos. Em *A balada do cálamo*, Atiq Rahimi, ele próprio um exilado afegão na Índia, no Paquistão e na França, lembra-nos de que tudo começou com essa condenação à solidão. Seja pelo parto, seja pela expulsão do Paraíso, começamos nossa jornada no mundo por meio do exílio. Por isso, somos capazes de nos relacionar com a dor alheia nessas circunstâncias.

A humanidade passa de 7 bilhões de consciências solitárias e incapazes de dissolução no outro. Toda a trajetória da espécie humana no passado e hoje é uma tentativa de criar ou barrar a comunicação com a solidão. Fazemos arte, criamos família, escrevemos e lemos, votamos e falamos em redes sociais a partir da experiência absoluta da solidão sentida de forma consciente ou não. Nós nos casamos e separamos por causa da solidão sentida individualmente ou a dois. A humanidade é formada de porcos-espinhos, de corpos e de almas, de frio e de agulhas sempre dizendo venham/saiam, aproximem-se/vão embora, sístole-diástole pendular de tudo que somos e nos cerca, de tudo que tememos e amamos. A história do ser humano é a história da solidão registrada nas paredes das cavernas de Lascaux ou nas redes sociais.

CONCLUSÃO

Solitários do mundo, afastai-vos

Ao reunir diversos artigos no livro *Reinvenção da intimidade: políticas do sofrimento cotidiano*, Cristian Dunker trata do nosso tema no primeiro capítulo: "Solidão, modo de usar". O livro é muito bom, e esse capítulo, em particular, faz pensar. Começo parafraseando alguns argumentos de Dunker.

A ideia do francês Rimbaud é um ponto de partida: Eu é um outro. O poeta completa em carta a um amigo: azar da madeira que se descobre violino, azar do cobre que desperta clarim. Entre matéria e forma, existe o atrito da transformação. Sou a matéria ou serei a forma? Onde estaria meu eu e meu outro?

A solidão é "experiência simbólica por excelência, ela traz consigo não a separação para com os outros, mas a distância e o estranhamento com relação a si mesmo. Solidão não é apenas introspecção ou introversão, mas dissolução da própria solidez do ser".

Ao longo deste livro, tratei várias vezes do poder de consciência que a solidão poderia trazer. Aqui a reflexão vai além, pois trata-se de dizer não ao mundo e não a si mesmo, transformando solidão em solitude.

Dunker relembra que a solidão pode ser experiência enriquecedora. O processo de estranhar a si mesmo e sobreviver à sua própria imperfeição ocorre na filosofia; em espaços arquitetônicos (claustros, criptas, jardins em labirintos), nas pinturas de paisagens, nas poesias com temas como a saudade ou o desterro e na literatura, como Brás Cubas de Machado.

Isolamento nem sempre é bom, claro. O extremo são os chamados *hikikomori*, jovens japoneses que ficam trancados no quarto com a internet ligada sempre e sem outros contatos sociais reais. Alimentam-se, vivem ou sobrevivem naquele espaço. Estão em contato com o mundo todo, mas isolados do outro maior, ou seja, o outro que está no eu seguindo Rimbaud. Em espectro oposto estão os *herbs* (herbívoros), no mesmo arquipélago, pessoas que não praticam nem procuram o sexo ou o casamento. Aumentando a tipologia que dialoga com o isolamento, surgem os *neets*, jovens que não estão "nem trabalhando, nem estudando, nem treinando". Por fim, o *freeter* (junção de *free* com *Arbeiter*, trabalhador em alemão). Eles não constituem a carreira desejada pela maioria dos nipônicos. Não ficam presos a uma empresa que se transforma em família. O *freeter* pula de uma função para outra, faz coisas informais e não se fixa em nada. Defeito ou virtude?

Os tipos descritos são bons de serem observados em uma sociedade como a japonesa, que estabelece vínculos formais muito fortes com comunidade familiar e laboral. Seriam de fato vínculos ou cadeias? A resposta vai variar se a pergunta for feita a um japonês entrosado com a tradição ou um *freeter*. Nós estaríamos, segundo Dunker, mais sensíveis à medida que "gramáticas do espaço público avançam sobre o privado. E, assim, reciprocamente".

O autor considera que a boa solidão é oposta ao sentimento de não precisar do outro. Perceber que sim, necessito do outro, porém não de forma absoluta, transforma a solidão em potência criativa e sem a carga de humilhação da solidão patológica. Se você sente muita tristeza quando os filhos saem de casa ou as férias começam, estaria, para o autor, chegando a hora de experimentar uma solidão de verdade.

Se eu tivesse que resumir as muitas boas ideias de Cristian Dunker, encerraria a paráfrase do seu texto com a frase da página 31: "Cultivo da solidão é o cultivo do Outro que nos habita". Estranhar-se, despir-se de retóricas e máscaras que os outros perceberam em você e que você incorporou ou desenvolveu, afastar-se da cena que o mundo e cada um de nós demanda: eis a fórmula da boa, libertadora e criativa solidão-solitude.

~ · ~

A solidão deve ser uma vitória, uma conquista, um esforço pessoal para evitar o excesso de barulho interno e externo. A solidão é distinta da afirmação de que sou autônomo e independente. Ninguém é completamente autônomo e independente. Somos gregários, tribais, sociais e vivemos em grupos maiores. A percepção da diferença, da chamada alteridade, do contato desafiador com as pessoas é uma chave essencial de crescimento. Apenas na solidão tornada solitude eu consigo um período de mínimo distanciamento para redescobrir quem eu sou e, acima de tudo, quem eu não sou. A advertência psicanalítica com a qual comecei a conclusão deve estar sempre diante de nós: não se trata de achar-se, mas de perder-se. "Eu é um outro": a enigmática frase de Arthur Rimbaud talvez explique sua existência errática de adolescente genial, poeta voluntarioso e criativo e, de repente, traficante de armas do outro lado do mundo. Quais seriam os eus e os outros do poeta? Talvez só ele tivesse a resposta, mas foi preciso certo isolamento para pensar no tema.

Ao longo deste livro tratamos de isolamentos no deserto, como Moisés, Jesus e Maomé. Os três precisaram de um tempo para buscar a inspiração divina, o sentido final da sua missão, a tentação ou o outro que até então não tinha se manifestado de fato.

Jesus precisou encarar os desafios demoníacos da pergunta do inimigo. Para os religiosos, o Diabo é a personificação real do mal. Se um psicanalista estivesse observando os três dilemas do Messias, poderia dizer que Jesus estava ouvindo outros eus, outras possibilidades, desejos contidos/negados/denegados. Quais desejos? Talvez saciar a fome, ter poder ou demonstrar sua autoridade. Jesus estava descobrindo outras possibilidades que estariam ao seu alcance. Sem ter descoberto tais desejos e ter dito não a cada um deles com calma e consciência, emerge a missão de Jesus após quarenta dias de solidão. Mateus encerra a narrativa (Mt 4,11) com anjos servindo a Jesus. Anjos são representantes da paz e do bem, mensageiros do divino e símbolos da estabilidade. Para ter anjos a servi-lo, ele teve de recusar a tentação de se jogar do Templo de Jerusalém para ser amparado por anjos. Em outras palavras, anjos vieram servi-lo quando ele passou pela prova de instrumentalizar ao Outro angelical e a si mesmo como ordenador do sagrado. Jesus foi servido pelos mensageiros do céu quando conseguiu pensar nas suas contradições internas, teologicamente chamadas de tentações. Não querendo anjos, encontrou-os.

Moisés viu a sarça ardendo no deserto e lá se comunicou com Deus. Moisés entrou na experiência do isolamento como príncipe refugiado do Egito; saiu da epifania como um líder de Israel. Os encontros do líder hebreu com Deus ocorriam no isolamento do deserto ou nas grotas do monte Sinai. O poder de Deus protegendo ou castigando era sentido por todos. A comunicação era vivida por Moisés isolado. A alteridade radical, o inteiramente outro, é Deus. Para descobrir o grande Outro, Moisés isolou-se em solidão libertadora.

Maomé entrou na caverna do monte Hira como um árabe nascido pobre, honesto, casado há pouco com uma viúva e que, provavelmente, tinha planos de continuar gerenciando as caravanas até o fim da existência, como todo bom cidadão de Meca do século VII. Isolou-se em meditação. Entrou na caverna isolada e teve o contato com o mensageiro de Alá, o arcanjo Gabriel. Da mesma forma que Jesus e Moisés (também considerados profetas pelo Islamismo), Maomé entrou de um modo no seu isolamento e saiu diferente. Ele emergiu da epifania, da revelação do sagrado, como o Profeta. Da solidão iluminada por Deus emergiu o portador de uma mensagem clara, revolucionária e com uma visão distinta de projeto de vida.

Nos três casos citados, existe o encontro com algo distinto, e o encontro ocorre em isolamento. Antes e depois das experiências citadas, os três homens eram sociáveis e viviam em comunidades e famílias. Depois da experiência, voltaram às suas comunidades e continuaram presentes em meio ao grupo maior. No meio dos dois momentos, existiu a solidão, e o outro foi encontrado nela. Eles não estavam sozinhos por não precisarem dos outros, todavia por estarem tentando não precisar daquele eu que impedia de descobrir o outro em si. Rimbaud entenderia aos três com soberana consciência.

De Santo Antão a Henry Thoreau, a solidão feita solitude tem efeito de descoberta e desafio. Pode conter alguma dor, mas são os uivos da zona de conforto sendo questionada pelas vozes menos ouvidas do íntimo. Assumo papéis no mundo, tenho trabalho, funções familiares, gênero, corporalidade, classe social e bagagem cultural. Sempre somos dominados por alguma educação estética e por projetos que, grosso modo, coincidem com os da grande maioria das pessoas. Atuo e existo em grupo, sou lobo de uma pequena ou gigantesca matilha. A solidão é o lugar privilegiado para distinguir as vozes do mundo, incluindo as que me definiram e eu incorporei. Acalmar a gritaria não é porque eu seja neurastênico ou nervoso, não porque os outros são falsos e eu verdadeiro. Isolar-se nunca é para descobrir alguma essência mágica no fundo da minha consciência, mas porque eu preciso me ouvir e ouvir minha contradição. Precisa emergir o outro.

A tradição romântica adora insistir que a verdade estaria no coração (metáfora dos afetos), e não no cérebro (metáfora da lógica racional). A verdade, com artigo e definida como entidade única, não é cardíaca ou cerebral. O ser humano é um torvelinho absoluto. Seus argumentos lógicos são tão válidos como sua paixão. O coração apenas bombeia sangue, e a subjetividade e a objetividade repousam em construções da consciência. Para ouvir tais vozes, papéis, personagens e adereços cênicos, a solidão é fundamental. Ordeno-me e me acalmo percebendo meu caos interior.

Não adiantará a solidão plenamente conectada, respondendo a mensagens ou vendo fotos. No caso, afastar-se com internet é o fenômeno *hikikomori*, que tratamos no começo da conclusão. Isolar-se aumentando o potencial de uma couraça virtual é inútil. Isolar-se não é o deserto, necessariamente, nem a cabana no lago Walden. Isolar-se é perceber coisas que o cotidiano e a multidão não permitem. Isolar-se é ouvir a si e ao outro em si.

É compreensível a solidão para fugir do mundo cheio de incômodos. As pessoas nem sempre são agradáveis, e nós, muitas vezes, não queremos ser obrigados à gentileza eterna. Custa energia sorrir quando você quer berrar. Fugir da multidão virou um produto de luxo. Áreas mais reservadas no avião custam mais. Quanto mais gente, mais barato. Praias isoladas, comprar sua ilha, estar sozinho em um carro e não no transporte coletivo, ter um apartamento por andar, visitar lugares sem ninguém, e assim vai. Sair do grande grupo é privilégio extremo. Não estou pensando no indivíduo abastado na reclusão da primeira classe, especialmente se estiver lá postando fotos para causar inveja ao mundo. Comprou o isolamento e o privilégio de menos gente para conversar com a multidão virtual.

A primeira classe custa muito, e a experiência da cabana em Walden não é sempre acessível. Entre o isolamento luxuoso e o despojado extremo, podemos buscar pequenos momentos de solidão possível. Um livro, uma música, um silêncio, um chá e um período sem acesso ao burburinho do mundo real e virtual: primeiros e acessíveis passos para se libertar do vício da companhia.

Seguindo Thoreau, posso imaginar que todas as coisas que tenho ou que desejo ter são trocadas por horas de vida-trabalho. O que vale a pena de fato? Tenho de pesar quem eu sou e quais são as minhas metas ouvindo o outro, aquele que está ali soterrado no senso comum do mundo-eu.

O privilégio do silêncio momentâneo é mais fácil do que o jato privado. O privilégio de percorrer um livro faz parte do exercício. No fundo do seu cérebro você está concordando, discordando, pensando ou contestando. De todas as formas, dando passos possíveis no silêncio da leitura. Você acabou de fazer isso, chegando até aqui.

Desconfie de quem se isola sempre. Desconfie ainda mais de quem nunca se isola. Confie pouco em quem vive conectado. Tenha compaixão pelas pessoas que estão tão desesperadas para evitar a solidão que vivem de festa em festa, de *post* em *post*, de bar em bar levando seu desespero para beber. Solidão bêbada não ilumina, apenas tropeça e amanhece mais triste na calçada. Solidão a dois é um inferno absoluto. Solidão ranheta azeda e avessa ao mundo é derrota, e não conquista. Conseguir o exercício da solidão-solitude como um prêmio fruto do seu esforço, um privilégio de busca, uma maturidade de vida: foi isso que falei o livro todo. Apenas na solidão-solitude, você pode fazer a dura pergunta de Thoreau. Será que, ao morrer, terei descoberto que nunca vivi? A resposta está no deserto ao alcance da sua possibilidade.

Terminaremos todos solitários em um túmulo algum dia. Exercitar o lado criativo e libertador do isolamento é evitar que o túmulo surja ainda em vida. Viver exige pausas, pensar implica certo isolamento, ser feliz com quem você ama é, acima de tudo, ter a experiência da solidão antes e durante o amor. Você precisa de muitas pessoas. Viver é amar e amar implica outros seres. Lembre-se apenas de que você também precisa de você e esse mergulho em si é vital. Quando olhar alguém em uma mesa de restaurante sozinho e feliz, passeando em um parque sem ninguém e pleno, quando ligar para alguém e a pessoa em um sábado à noite disser com serenidade: "Eu estava aqui pensando e lendo tranquilo", não se esqueça de lhe dar os parabéns. Aquela pessoa já descobriu a faceta libertadora da solidão tornada amiga e está apta para voltar ao convívio dos outros porque já convive consigo. Se você não se suporta, quem conseguirá fazê-lo?

Agradecimentos

Um livro chega ao final carregado de dívidas. Queria pagar duas importantes de forma simbólica. Valderez Carneiro da Silva e Luiz Estevam de Oliveira Fernandes foram fundamentais na revisão, na pesquisa, nas sugestões de caminhos, na indicação de novas ideias e em muitas outras coisas. Quero agradecer aos meus dois amigos essenciais, inteligentes, criativos e, acima de tudo, pacientes comigo.

**Acreditamos
nos livros**

Este livro foi composto em Adobe Garamond
Pro e impresso pela Gráfica Santa Marta para a
Editora Planeta do Brasil em junho de 2022